Maravillas

I0798882

MI LIBRO DE LECTURA Y ESCRITURA

McGraw Hill

mheducation.com/prek-12

Send all inquiries to:
McGraw-Hill Education
Two Penn Plaza
New York, New York 10121

ISBN: 978-0-07-702840-4
MHID: 0-07-702840-6

Printed in the United States of America.

8 9 LON 25

B

¡Bienvenidos a Maravillas!

Lee textos apasionantes de **Literatura**, **Ciencias** y **Estudios Sociales**.

- ★ **APRENDE** acerca del mundo que te rodea.
- ★ **PIENSA**, **HABLA** y **ESCRIBE** sobre géneros literarios.
- ★ **COLABORA** en charlas e investigaciones.
- ★ **¡EXPRÉSATE!**

my.mheducation.com

Con tus datos de acceso podrás leer textos, practicar gramática y ortografía, explorar proyectos de investigación y mucho más.

Koraysa/iStock/Getty Images;Caroline Schiff/Blend/Image Source;Photographs By Les Piccolo/Moment Open/Getty Images; ©Stocktrek/ age footstock;vipman/Shutterstock

UNIDAD 5

GÉNERO 1 BIOGRAFÍA

ESTUDIOS SOCIALES

GÉNERO 2 CUENTO DE HADAS

Deborah Cannon/AP Images

GÉNERO 3 TEXTO ARGUMENTATIVO

CIENCIAS

CONCLUSIÓN DE LA UNIDAD

ESTUDIOS SOCIALES

Holger Burmeister/Alamy Stock Photo

Recursos digitales Consulta este libro electrónico y otros recursos en **my.mheducation.com**

GÉNERO 1 BIOGRAFÍA

GÉNERO 2 MITO/DRAMA

GÉNERO 3 POESÍA

CONCLUSIÓN DE LA UNIDAD

ESTUDIOS SOCIALES

Science History Images/Alamy Stock Photo

Recursos digitales Consulta este libro electrónico y otros recursos en **my.mheducation.com**

Coméntalo

¿? Pregunta esencial

¿Qué hacen los buenos ciudadanos?

Lou ayuda a su comunidad en los preparativos de la ceremonia para honrar a sus héroes. Lou es un buen ciudadano. Esto significa que ayuda a otras personas, cumple las normas y respeta a los demás.

Mira la fotografía. Piensa en por qué Lou es un buen ciudadano. Escucha con atención lo que dice tu compañero. Luego, hazle preguntas para asegurarte de que has comprendido bien. Escribe tus ideas en la red de palabras.

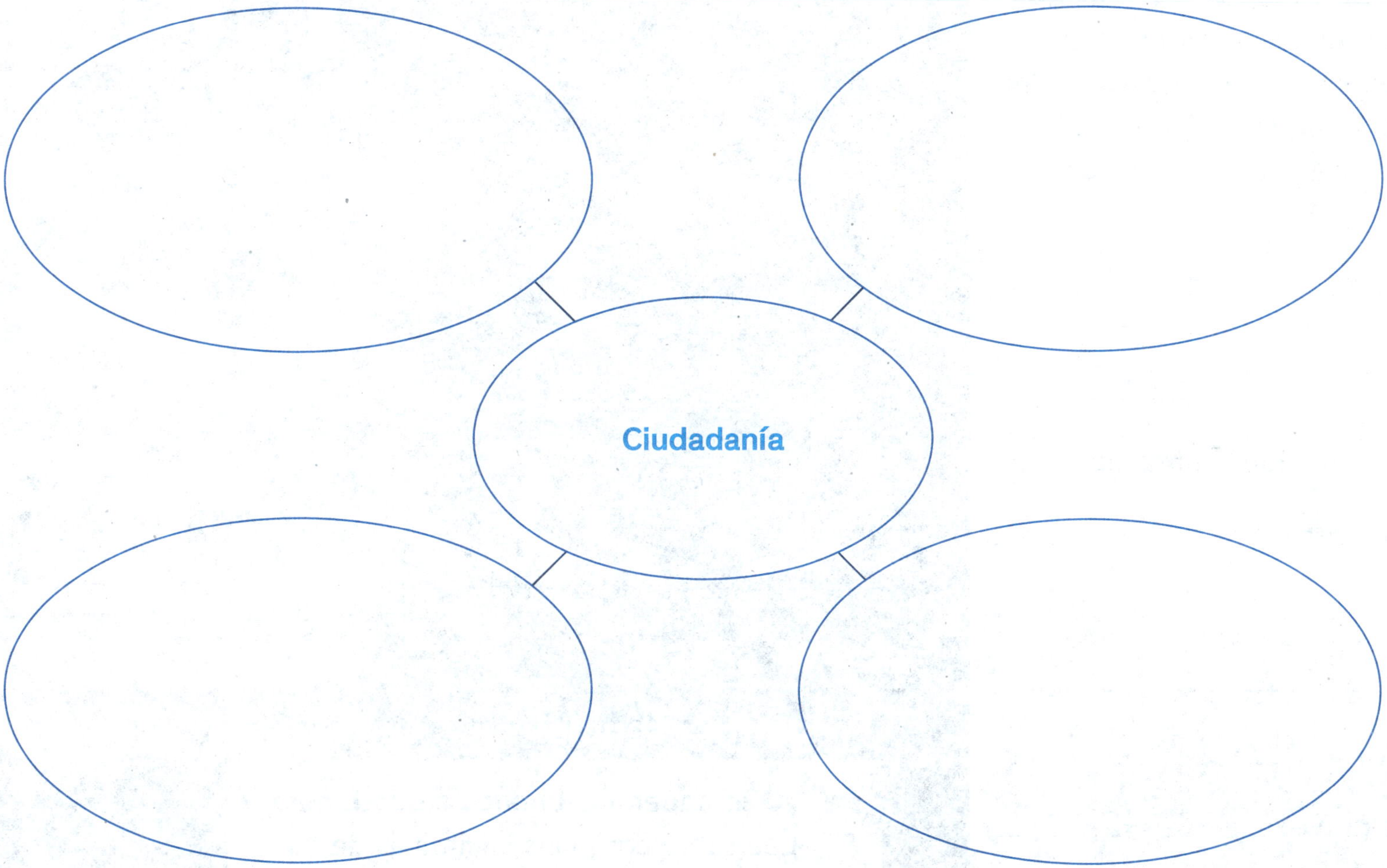

Lee en **my.mheducation.com** el *blast* "El cultivador generoso". Piensa en por qué Johny Appleseed fue un buen ciudadano. Respóndelo y envíalo.

TOMA NOTAS

Para comprender mejor cómo distintos sucesos formaron la vida de Irma Rangel, presta atención al título de la biografía, los títulos de las secciones y la línea cronológica. Piensa sobre lo que hará Irma Rangel y escribe una predicción a continuación.

____

____

____

Mientras lees, toma nota de:

Palabras interesantes: ____________

____

____

____

Detalles clave: ____________

____

____

____

IRMA RANGEL

Legisladora de Texas

Pregunta esencial

¿Qué hacen los buenos ciudadanos?
Lee sobre cómo las iniciativas de Irma Rangel ayudaron a muchas personas.

Irma Rangel nació en Kingsville, Texas, en 1931. Aprendió a superar **obstáculos** observando a sus padres. Luego usó lo que había aprendido para ayudar a los demás.

Superar obstáculos

Los padres de Irma habían tenido que superar muchos obstáculos. Su padre quedó huérfano a los cinco años y su madre quedó huérfana a los 11 años. Se enfrentaron a muchas injusticias. No se les permitía asistir a ciertas escuelas por ser mexicano-estadounidenses. Además, eran muy pobres y tenían que trabajar en vez de ir a la escuela.

Pero mantuvieron una actitud positiva, trabajaron arduamente, y mejoraron sus vidas. La madre de Irma abrió su propia tienda. Su padre abrió una barbería.

La madre de Irma tenía muchos recuerdos de su propio padre. A fines de la década de 1940, se puso en venta una parcela en la que él había trabajado. Los padres de Irma decidieron comprarla. Los vecinos no querían que una familia mexicano-estadounidense viviera allí, pero los padres de Irma no **vacilaron**. Compraron el terreno y construyeron una hermosa casa. Con el tiempo, los aceptaron.

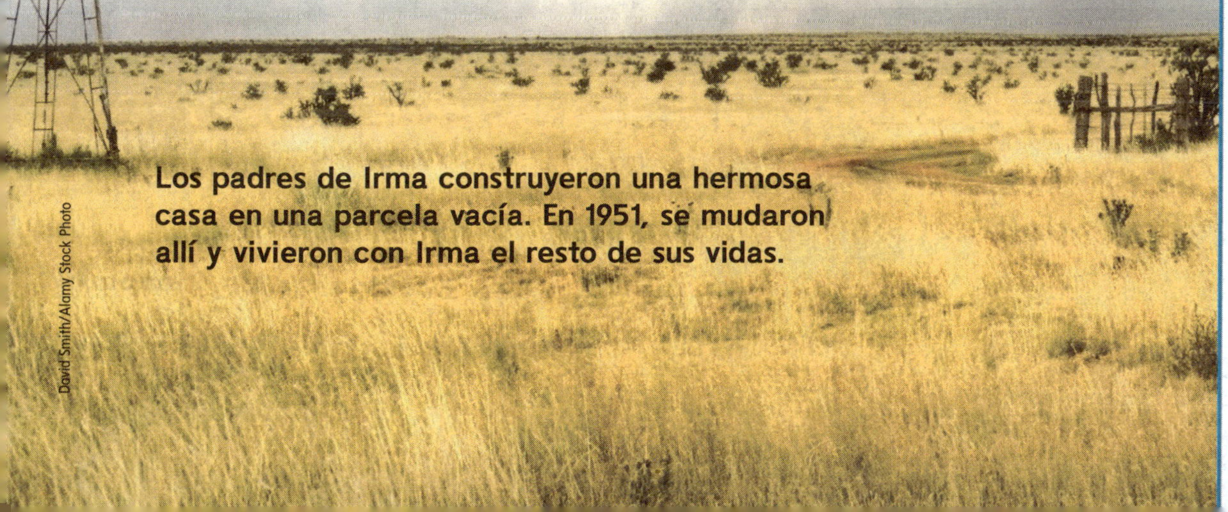

Los padres de Irma construyeron una hermosa casa en una parcela vacía. En 1951, se mudaron allí y vivieron con Irma el resto de sus vidas.

BUSCAR EVIDENCIAS

Leer

Párrafo 1-2

Punto de vista del autor

Subraya las evidencias que muestran qué opina el autor sobre la niñez de los padres de Irma.

Párrafos 3-4

Hacer y responder preguntas

¿Qué pregunta puedes hacer y responder sobre los padres de Irma?

____

____

Encierra en un círculo la evidencia del texto.

Leyendas

Encierra en un recuadro algo nuevo que aprendiste de la leyenda.

Releer

Técnica del autor

¿Cómo te ayuda el autor a entender qué son los obstáculos?

LECTURA COMPARTIDA

BUSCAR EVIDENCIAS

Leer

Párrafos 1

Hacer y responder preguntas

¿Qué pregunta puedes hacer y responder acerca de ser un buen ciudadano? Escríbela a continuación. **Subraya** la respuesta.

____

____

Párrafo 2

Punto de vista del autor

¿Qué opina el autor acerca de que pocas mujeres trabajaran en el gobierno? **Encierra en un círculo** la evidencia.

Líneas cronológicas

¿En qué año fue electa Irma para la Cámara de Representantes?

____

Releer

Técnica del autor

¿Por qué "Buenos ciudadanos" es un buen título para esta sección?

Buenos ciudadanos

Bandera oficial del estado de Texas.

Los padres de Irma creían que la buena **ciudadanía** consistía en ayudar a otras personas a tener éxito. Su padre decidió **participar** en organizaciones gubernamentales que animaban a las personas a votar. En las elecciones apoyaba a candidatos que ayudarían a las personas.

El padre de Irma fue una gran inspiración para ella. Desafortunadamente, en ese entonces era inusual que las mujeres trabajaran en el gobierno. Sin embargo, Irma era inusualmente **audaz** y se arriesgó mucho. Estudió derecho y consiguió trabajo defendiendo al gobierno en juicios criminales. Fue una de las primeras hispanas en obtener ese trabajo en Texas. En 1976 lanzó su candidatura y fue la primera hispana electa a la Casa de Representantes de Texas.

La línea cronológica muestra fechas importantes de la vida de Irma.

1930 — 1940 — 1950 — 1960 — 1970 — 1980

1931: Nace Irma.

1952: Se gradúa de la Universidad Texas A&M, Kingsville.

1969: Se gradúa de la facultad de derecho.

1976: Es la primera hispana en la Casa de Representantes de Texas.

Luchar por la justicia

Como legisladora de Texas, Irma trabajó para que todos tuvieran una vida mejor. Estaba **horrorizada** porque sus padres no habían podido educarse por ser pobres y mexicano-americanos. Irma **propuso** leyes para dar a todos los niños la oportunidad de aprender. Una ley ayudaba a los estudiantes de bajos recursos a pagar la universidad. Otra sostenía que las universidades estatales debían aceptar a todos los estudiantes de Texas que terminaran entre los mejores de su clase.

Irma **continuó** luchando contra la desigualdad. Trabajó para defender los derechos de las mujeres y para obtener alimento para los que pasaban hambre. Para alcanzar sus metas, hablaba con los legisladores que estaban en desacuerdo con ella. Pero siempre era amable. "Este proyecto de ley es muy bueno", les decía ella. "Sé que te va a gustar".

Los padres de Irma le enseñaron a superar obstáculos. Pero gracias a Irma, las personas de Texas ya no tienen que enfrentar tantos obstáculos. Hoy en día, el camino al éxito es más fácil de recorrer para los que trabajan arduamente.

1990 2000 2010

1994: Elegida para el Salón de la Fama de las Mujeres de Texas.

1997: Nombrada legisladora del año.

2003: Irma muere.

2006: Se inaugura la Facultad de Farmacia Irma Rangel

Resumir

¿Fue correcta la predicción que hiciste sobre Irma Rangel? Usa tus notas para resumir los sucesos principales de su vida.

BIOGRAFÍA

BUSCAR EVIDENCIAS

Leer

Párrafo 1

Hacer y responder preguntas

¿Qué pregunta puedes hacer y responder acerca del trabajo de Irma?

____

____

____

Subraya la respuesta.

Párrafos 2-3

Prefijos y sufijos

Encierra en un círculo la raíz en la palabra *desigualdad*. Usa el prefijo y el sufijo para deducir su significado.

____

Releer

Técnica del autor

¿Cómo te ayuda el autor a comprender cómo era Irma?

Releer | LECTURA COMPARTIDA

Vocabulario

A partir de las oraciones que se dan como ejemplo, comenta con un compañero lo que significa cada palabra. Luego, responde las preguntas.

audaz

Es **audaz** luchar por lo que crees.

Escribe sobre algo audaz que hayas hecho.

___

___

ciudadanía

Plantar un árbol en tu comunidad es un ejemplo de buena **ciudadanía**.

¿Qué puedes hacer para demostrar en qué consiste la buena ciudadanía?

___

___

continuar

Luis **continuó** leyendo el mismo libro todo el día.

¿Qué palabra significa lo opuesto a *continuar*?

___

___

horrorizado

Los niños estaban **horrorizados** al ver lo que la tormenta le hizo al nido.

¿Qué significa sentirse horrorizado?

___

___

obstáculo

El caballo saltó todos los **obstáculos** sin derribarlos.

¿Qué elemento puede servir de obstáculo?

___

___

Tu lista de palabras Vuelve a leer el primer párrafo de la página 4 y encierra en un círculo la palabra *organizaciones*. Busca su significado en un diccionario impreso o en línea. Escribe la palabra junto con su significado en tu cuaderno de escritura.

participar

Estos niños van a **participar** en carreras de bolsas.

¿En qué deporte te gusta participar?

____

____

proponer

Mi papá **propuso** buscar la respuesta a la pregunta de Kia en línea.

Escribe sobre algo que le hayas propuesto a tu familia o a tus amigos.

____

____

vacilar

Ted comenzó a **vacilar** cuando se olvidó la respuesta.

Describe cómo te verías si comenzaras a vacilar.

____

____

Prefijos y sufijos

Un prefijo es una partícula que se agrega al principio de una palabra. Un sufijo se agrega al final. Para determinar lo que significa una palabra que tiene un prefijo o un sufijo debes hallar la raíz.

BUSCAR EVIDENCIAS

Veo la palabra inusualmente *en la página 4. Primero hallo la raíz usual. Sé que el prefijo* in- *significa "no" u "opuesto a" y el sufijo* -mente *significa "de esa manera". La palabra* inusualmente *debe significar "de manera no usual".*

Sin embargo, Irma era inusualmente audaz y se arriesgó mucho.

Tu turno Halla la raíz. Luego, usa el prefijo o el sufijo para determinar el significado de la palabra.

Injusticias, página 3 ______________________________

____

Releer | LECTURA COMPARTIDA

Hacer y responder preguntas

Piensa en una pregunta mientras lees. Luego, vuelve a leer para encontrar la respuesta.

Acuérdate

Si no comprendes el texto, detente y hazte preguntas. Luego, vuelve a leer para encontrar las respuestas a tus preguntas.

BUSCAR EVIDENCIAS

Vuelve a leer la sección "Superar obstáculos" en la página 3. Piensa en una pregunta y luego lee para encontrar la respuesta.

Página 3

Superar obstáculos

Los padres de Irma habían tenido que superar muchos obstáculos. Su padre quedó huérfano a los cinco años y su madre quedó huérfana a los 11 años. Se enfrentaron a muchas injusticias. No se les permitía asistir a ciertas escuelas por ser mexicano-estadounidenses. Además, eran muy pobres y tenían que trabajar en vez de ir a la escuela.

Pero mantuvieron una actitud positiva, trabajaron arduamente, y mejoraron sus vidas. La madre de Irma abrió su propia tienda. Su padre abrió una barbería.

La madre de Irma tenía muchos recuerdos de su propio padre. A fines de la década de 1940, se puso en venta una parcela que en la que él había trabajado. Los padres de Irma decidieron comprarla. Los vecinos no querían que una familia mexicano-estadounidense viviera allí, pero los padres

Pregunto: ¿Qué aprendió Irma al observar a sus padres? Leo que los padres de Irma eran pobres, pero trabajaron arduamente y abrieron sus propios negocios. Ahora puedo responder mi pregunta. Irma aprendió que las personas pueden superar obstáculos trabajando arduamente.

COLABORA

Tu turno Vuelve a leer "Luchar por la justicia" en la página 5. Piensa en una pregunta. Por ejemplo: *¿Qué hizo Irma para ayudar a mejorar la vida de los demás?* Vuelve a leer la sección para hallar la respuesta.

____

____

Leyendas y líneas cronológicas

"Irma Rangel, legisladora de Texas" es una **biografía** porque:

- cuenta la historia de la vida de una persona.
- está escrita por otra persona.
- incluye características del texto, como líneas cronológicas, fotografías y leyendas.

BUSCAR EVIDENCIAS

Sé que este texto es una biografía porque hay hechos e información sobre la vida de Irma Rangel. También hay una línea cronológica que muestra, en orden, los acontecimientos importantes de su vida.

De lectores a escritores

Observa la línea cronológica. ¿De qué manera te ayudan los hechos y los sucesos a entender la vida de Irma?

Cuando escribas, piensa en cómo una línea cronológica te ayudaría a organizar los sucesos en orden.

Página 4

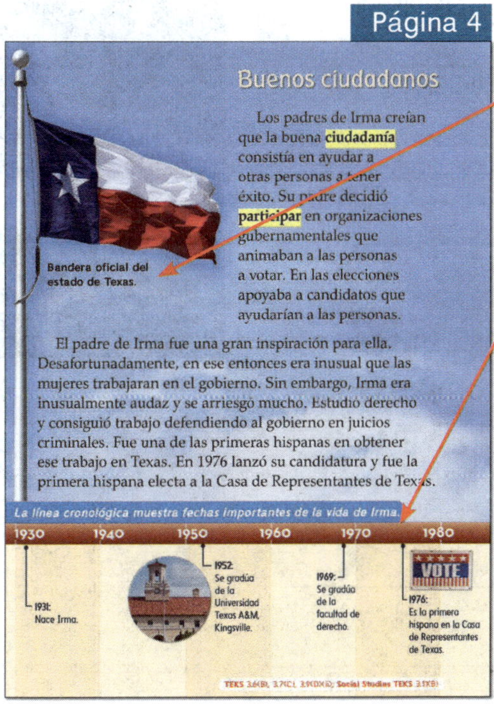

Buenos ciudadanos

Los padres de Irma creían que la buena **ciudadanía** consistía en ayudar a otras personas a tener éxito. Su padre decidió **participar** en organizaciones gubernamentales que animaban a las personas a votar. En las elecciones apoyaba a candidatos que ayudarían a las personas.

Bandera oficial del estado de Texas.

El padre de Irma fue una gran inspiración para ella. Desafortunadamente, en ese entonces era inusual que las mujeres trabajaran en el gobierno. Sin embargo, Irma era inusualmente audaz y se arriesgó mucho. Estudió derecho y consiguió trabajo defendiendo al gobierno en juicios criminales. Fue una de las primeras hispanas en obtener ese trabajo en Texas. En 1976 lanzó su candidatura y fue la primera hispana electa a la Casa de Representantes de Texas.

La línea cronológica muestra fechas importantes de la vida de Irma.

1930 1940 1950 1960 1970 1980

1931: Nace Irma.

1952: Se gradúa de la Universidad Texas A&M, Kingsville.

1969: Se gradúa de la facultad de derecho.

1976: Es la primera hispana en la Casa de Representantes de Texas.

Leyendas

Describen las fotografías. Brindan información que no está incluida en el texto.

Líneas cronológicas

Muestran fechas y sucesos importantes en el orden en el que sucedieron.

COLABORA

Tu turno Observa la línea cronológica de las páginas 4 y 5. ¿En qué año fue elegida Irma Rangel para formar parte del Salón de la Fama de las Mujeres de Texas?

____

____

____

Punto de vista del autor

El punto de vista del autor es su opinión acerca de un tema. Busca detalles en el texto que muestren qué piensa el autor.

BUSCAR EVIDENCIAS

Cuando citas evidencias del texto buscas detalles que respaldan tu respuesta. ¿Qué piensa el autor sobre Irma Rangel? Puedo volver a leer el texto y buscar detalles que me indiquen lo que piensa el autor. Esto me ayudará a descubrir su punto de vista.

Acuérdate

Las palabras para describir, como *buena*, *fuerte* y *audaz*, indican la opinión del autor. Para determinar qué opina el autor, busca palabras para describir en el texto.

Detalles
Sus padres la inspiraron para ser una buena ciudadana.
Fue audaz que Irma se presentara como candidata.

↓

Punto de vista del autor

COLABORA

Tu turno Vuelve a leer "Irma Rangel, legisladora de Texas". Busca más detalles que muestren qué piensa el autor sobre Irma y completa tu organizador gráfico. ¿Qué opina el autor acerca de Irma? ¿Estás de acuerdo con su punto de vista?

____

____

Deborah Cannon/AP Images

Detalles
Los padres de Irma la inspiraron para ser buena ciudadana.
Fue audaz que Irma se presentara como candidata.

Punto de vista del autor

Responder a la lectura

Responde por escrito a la siguiente pregunta. Piensa en el punto de vista del autor. Consulta tus notas y el organizador gráfico.

¿Cómo te ayuda el autor a comprender que Irma Rangel es una buena ciudadana?

Acuérdate

Cuando escribes una respuesta, demuestras que comprendes el texto. Recuerda que cuando escribes tu opinión debes usar el espacio correcto entre las letras y entre las palabras.

Enlace gramatical

Revisa tu borrador para asegurarte de haber usado correctamente las mayúsculas para los nombres de personas y entidades. También asegúrate de haber usado correctamente los signos de puntuación.

ESTUDIOS SOCIALES

Fuentes primarias y secundarias

Las **fuentes primarias** nos enseñan sobre el pasado. Son documentos originales o el relato de alguien que formó parte de un suceso. Los diarios, las cartas, las discursos y las fotografías son ejemplos de fuentes primarias. En "Irma Rangel, legisladora de Texas", los detalles personales provienen de una entrevista con Irma Rangel. Las entrevistas son fuentes primarias.

Las **fuentes secundarias** son datos que crea alguien que no conoce el tema de modo directo. Las enciclopedias y los libros de textos son ejemplos de fuentes secundarias.

Mira la fotografía y explica por qué es una fuente primaria.

____

____

Acuérdate

Cuando hagas una búsqueda, piensa en las fuentes. Si usas palabras como *yo* y *mí* es posible que sea una fuente primaria escrita por alguien que participó en el suceso.

Haz un cartel Piensa en un problema que haya en tu comunidad. ¿Hay un problema que se necesita resolver? Usa estos pasos para crear un cartel acerca del problema.

1. Conversa con un compañero sobre ese problema.
2. Busca fuentes primarias y secundarias para saber qué está haciendo la gente para resolver el problema.
3. Crea un cartel para mostrar el problema. Escribe un párrafo que lo describa.

Releer

TEXTO PRINCIPAL

Elizabeth y el derecho al voto:
la historia de Elizabeth Cady Stanton

¿Cómo utiliza la autora lo que Elizabeth dice y hace para ayudarte a comprender su personalidad?

COLABORA

Coméntalo Vuelve a leer las páginas 368 y 369. Conversa con un compañero sobre lo que Elizabeth Cady Stanton dice y hace.

Cita evidencias ¿Qué dice y hace Elizabeth? Cita evidencia en la tabla e indica cómo te ayudó a comprender cómo es ella.

Evidencia del texto	Elizabeth

Escribe La autora usa lo que Elizabeth dice y hace para ayudarme a

comprender que ______________________________

____

Antología de literatura, páginas 364–381

Hacer inferencias

Una inferencia es una suposición basada en información. ¿Qué inferencia puedes hacer sobre Elizabeth con base en el título: *Elizabeth y el derecho al voto: la historia de Elizabeth Cady Stanton?*

¿Cómo sabes que Elizabeth creía firmemente en sus convicciones?

COLABORA

Coméntalo Vuelve a leer la página 377. Conversa con un compañero sobre lo que Elizabeth piensa sobre el derecho de las mujeres al voto.

Cita evidencias Cuando citas evidencias del texto, buscas detalles que respaldan tu respuesta. ¿Qué palabras te ayudan a comprender la profundidad de los sentimientos de Elizabeth? Cita evidencia del texto en la tabla.

Evidencia del texto	Cómo se sintió Elizabeth

Escribe Sé que Elizabeth creía firmemente en sus convicciones porque la autora ______________________________

____

____

____

Acuérdate

Puedo usar estos comienzos de oración cuando hablemos sobre Elizabeth.

Leí que Elizabeth...

Esto me ayuda a comprender que...

Sintetizar información

Haz una relación personal con lo que leíste acerca de Elizabeth Cady Stanton. Quizás también sentido que algo era injusto. Cuando relacionas el texto con una experiencia personal puedes comprender mejor lo que leíste.

Releer

TEXTO PRINCIPAL

¿Cómo te ayuda la autora a comprender que las ideas de Elizabeth produjeron un cambio en Estados Unidos?

COLABORA

Coméntalo Vuelve a leer las páginas 380 y 381. Comenta con un compañero por qué la autora dice "se propagó rápidamente".

Cita evidencias ¿Qué palabras y frases muestran cómo Elizabeth cambió Estados Unidos? Cita evidencia del texto en la tabla.

Evidencia del texto	Qué significa
Cómo ayuda	

Escribe La autora me ayuda a comprender cómo Elizabeth cambió Estados Unidos ______________________________

____

Acuérdate

La autora usa la frase "se propagó rápidamente" para ayudarte a visualizar la velocidad con la que las ideas de Elizabeth se difundieron.

Responder a la lectura

COLABORA

Responde a la pregunta que aparece a continuación. Piensa en el punto de vista de la autora sobre Elizabeth Cady Stanton. Consulta tus notas y el organizador gráfico.

¿Cómo usa Tanya Lee Stone la biografía de Elizabeth para enseñarte lo que significa ser un buen ciudadano?

____

____

____

____

____

____

____

____

____

____

Acuérdate

Usa estos comienzos de oración para hablar de la evidencia del texto.

Tanya Lee Stone describe...

Ella muestra cómo Elizabeth...

Esto me ayuda a comprender que...

Mis lecturas

Elige un texto y anota en tu cuaderno de escritura el título, el autor y el género del libro. Mientras lees, haz conexiones con ideas de otros textos que hayas leído o con tu experiencia personal. Escribe tus ideas en tu cuaderno.

Releer

LECTURA COMPLEMENTARIA

Antología de literatura, páginas 384-387

Susan B. Anthony ¡en acción!

1 Susan Brownell Anthony nació en Massachusetts en 1820. La familia de Susan creía en la igualdad de todas las personas. En esa época, la idea de igualdad era muy poco común. Los hombres y las mujeres no tenían los mismos derechos. Las mujeres no podían hacer muchas de las cosas que los hombres hacían. No podían votar ni poseer propiedades. La vida era diferente para Susan por ser mujer. Sin embargo, aprendió a leer y escribir cuando tenía tres años.

Vuelve a leer y haz anotaciones en el texto siguiendo las instrucciones.

Encierra en un círculo las palabras y frases que te ayudan a comprender el significado de *igualdad*. Escribe qué significa aquí:

____

____

____

____

COLABORA

Conversa con un compañero sobre cómo la vida de Susan era diferente. **Subraya** la evidencia del texto en el pasaje.

¡Las mujeres obtienen el derecho al voto!

1 Susan dio al menos cien discursos en todo el país cada año durante cuarenta y cinco años. Su trabajo siempre la emocionaba y le daba esperanzas.

2 No todos estaban de acuerdo con sus ideas. Susan y su amiga Elizabeth Cady Stanton tuvieron que luchar durante muchos años por los derechos de todos. Pero siempre hicieron su trabajo pacíficamente. Catorce años después de la muerte de Susan, las mujeres pudieron votar en Estados Unidos. Esta lucha no hubiera sido exitosa sin Susan B. Anthony.

En el párrafo 1, **subraya** las pistas que te ayudan a visualizar cómo era Susan. Escríbelas aquí:

____

____

____

____

____

____

COLABORA

Vuelve a leer el párrafo 2. Comenta con un compañero qué opinaba la gente sobre las ideas de Susan. ¿Qué hicieron Susan y Elizabeth?

Encierra en un círculo palabras y frases que indiquen lo que hicieron.

Haz una marca junto a la oración que muestra la opinión de la autora con respecto a Susan.

Releer

LECTURA COMPLEMENTARIA

¿Cómo te ayuda la autora a comprender qué piensa sobre Susan B. Anthony?

COLABORA

Coméntalo Vuelve a leer el párrafo 2 de la página 19. Comenta lo que la autora dice sobre Susan.

Cita evidencias ¿Qué palabras te ayudan a saber lo que la autora opina respecto de Susan y sus acciones? Cita evidencia del texto en la tabla.

Detalle	Detalle	Detalle

Punto de vista de la autora

Escribe La autora me ayuda a saber lo que opina respecto de Susan B. Anthony al

____

Acuérdate

Cuando vuelvo a leer, puedo usar las palabras y las frases de la autora como ayuda para comprender su punto de vista.

Causa y efecto

Un *efecto* es algo que sucedió. Una *causa* es el porqué sucedió. Los autores con frecuencia usan causa y efecto para organizar y estructurar textos. Esto ayuda a los lectores a entender por qué ocurren los sucesos.

De lectores a escritores

Usa palabras clave para ayudar a tus lectores a averiguar las causas y los efectos. Algunas palabras y frases clave son: *porque, entonces, por lo tanto* y *como consecuencia.*

BUSCAR EVIDENCIAS

En la página 385 de "Susan B. Anthony ¡en acción!" de la ***Antología de literatura****, la autora usa las palabras clave "como consecuencia". Esas palabras son claves para la consecuencia, o para lo que ocurrió, cuando la maestra de Susan se negó a enseñarle una división larga.*

> Como consecuencia, la familia de Susan la sacó de la escuela y la educó en su casa

Tu turno Vuelve a leer el último párrafo de la página 385. Busca evidencias del texto para responder estas preguntas.

¿Cuál es la causa de que Susan trabajara con Elizabeth Cady Stanton?

____

____

¿Qué palabras usa la autora para hacerte ver cómo se sintió Susan con el trabajo de Elizabeth ? ______________________

____

Integrar **HACER CONEXIONES**

Conexiones del texto

¿Cómo sabes qué sienten por Estados Unidos el compositor de la canción "Mi tierra" y los autores de *Elizabeth y el derecho al voto* y de "Susan B. Anthony ¡en acción!"?

COLABORA

Coméntalo Lee "Mi tierra". Conversa con un compañero sobre como su autor se siente sobre el tema de la canción.

Cita evidencias **Encierra en círculos** las palabras y frases de la canción que muestren lo que su tierra significa para el compositor. **Subraya** lo que dice sobre la libertad.

Escribe Sé qué sienten por su tierra el compositor y los autores porque

____

____

____

____

____

____

____

____

Acuérdate

La letra de la canción me ayuda a entender cómo se siente el compositor. Esto me ayudará a comparar la canción con las selecciones que he leído esta semana.

Mi TIERRA *(canción)*

Si siento orgullo,
siento mi tierra.
Si pienso en libertad, pienso
en mi tierra.

Si quiero ser feliz, quiero mi
tierra.

Si digo "independencia", digo
"mi tierra".

ESTUDIOS SOCIALES

Presentar el trabajo

COLABORA

Decide cómo presentarás tu cartel a la clase sobre el problema de la comunidad. Usa la lista de comprobar la presentación como ayuda.

Mientras practico, usaré los siguientes argumentos para comentar mi cartel: ______________________

____

Creo que mi presentación fue ______________________

Lo sé porque ______________________

____

____

Acuérdate

Pon el cartel en un lugar visible. Si es posible, usa un puntero para no estar frente al cartel durante la presentación.

Comprobar la presentación

- ☐ Me aseguraré de que mi cartel sea fácil de leer.
- ☐ Me aseguraré de que todos puedan ver el cartel.
- ☐ Mientras hablo, miraré al público, no al cartel.
- ☐ Hablaré clara y lentamente.
- ☐ Invitaré al público a hacerme preguntas.

Texto modelo

Antología de literatura, páginas 364–381

Características de una biografía

Una biografía es un tipo de texto narrativo de no ficción. Una **biografía**:

- Cuenta la verdadera historia de la vida de una persona y está escrita por otra persona.
- Está narrada en una secuencia, o en orden cronológico.
- Puede incluir características del texto como líneas cronológicas, fotografías y leyendas.

Analiza el texto modelo Vuelve a leer la página 379 de la **Antología de literatura**. Usa evidencia del texto para responder las preguntas.

¿Cómo te ayuda Tanya Lee Stone a comprender lo que sucedió cuando Elizabeth terminó de leer a la multitud?

____

____

¿Cómo usa la autora las palabras y las frases para que la biografía sea más interesante al leer?

____

____

gramatiNOTAS

Los escritores usan pronombres como *él, ella* o *ellos* para reemplazar los sustantivos singulares o plurales. Por ejemplo, la autora de esta historia dice: "Elizabeth leyó en voz alta lo que ella y algunas de las mujeres habían escrito juntas". El pronombre *ella* se refiere a Elizabeth. Los pronombres le dicen al lector si el autor se refiere a una o más personas.

Planificar: Elige un tema

Lluvia de ideas Con un compañero haz una lluvia de ideas sobre personas que han sido buenos ciudadanos. Usa los siguientes comienzos de oración para comentar tus ideas.

Un buen ciudadano es...
Algunas cosas que un buen ciudadano hace son...

Instrucciones Elige una persona de tu lista. Escribe una biografía que explique cómo esa persona es un buen ciudadano.

Escribiré sobre ______________________________

Propósito y público El propósito de un autor es su razón principal para escribir un texto. Piensa en quiénes leerán tu biografía. Esa es tu audiencia.

El propósito de mi biografía es ______________________________

____

Mi audiencia será ______________________________

Planifica Piensa en qué quieres que los lectores aprendan acerca de la persona que elegiste. En tu cuaderno de escritura, escribe el nombre de la persona. Luego, haz una tabla de secuencia para anotar los sucesos de su vida.

Acuérdate

Cuando haces una lluvia de ideas, escribes tantas ideas como puedes sobre un tema. Con un compañero, haz una lluvia de ideas para descubrir sobre lo que quieres escribir.

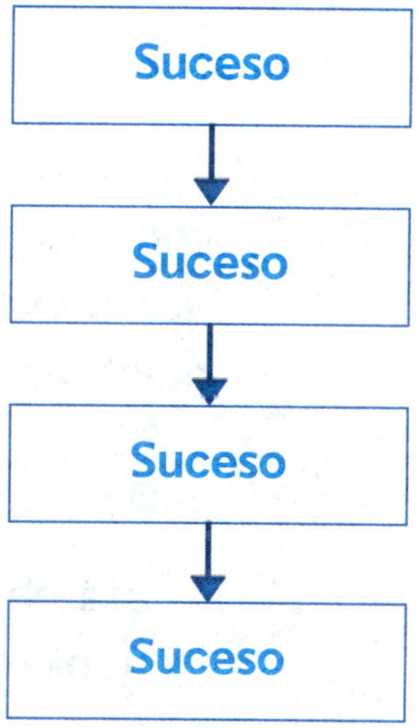

Planificar: Investigación

Usa una variedad de fuentes Antes de escribir la biografía, debes buscar información sobre la persona que elegiste. Asegúrate de reunir información relevante. Usa al menos una fuente primaria y distintas fuentes secundarias, como libros, revistas y sitios de internet. Para verificar si tus fuentes son relevantes, pregúntate:

- ¿Pertenece a una organización de confianza, como una universidad o un periódico respetado?
- ¿Incluye información útil, como el autor, la fecha en que fue escrito o enlaces a otras fuentes?

Escribe dos de las fuentes que vayas a usar:

1. ______________________________

2. ______________________________

Toma notas Después de haber elegido tus fuentes, toma notas y completa la tabla de secuencia en tu cuaderno de escritura. Recuerda que debes parafrasear, o escribir la información con tus propias palabras.

Recursos digitales

Para obtener más información sobre cómo tomar notas, entra en **my.mheducation.com** y mira "Toma notas (fuente escrita)".

Acuérdate

Recuerda que una fuente primaria es la que fue creada por alguien que participó en un suceso. Las biografías usan fuentes primarias, como fotografías o citas. Esto las hace ser más interesantes.

Hacer un borrador

Secuencia Los escritores cuentan los sucesos de la vida de una persona en secuencia. La secuencia ayuda a los lectores a entender qué ocurrió y por qué. Lee este fragmento de "Irma Rangel, legisladora de Texas".

> Desafortunadamente, en ese entonces era inusual que las mujeres trabajaran en el gobierno. Sin embargo, Irma era inusualmente audaz y se arriesgó mucho. Estudió derecho y consiguió trabajo defendiendo al gobierno en juicios criminales. Fue una de las primeras hispanas en obtener ese trabajo en Texas. En 1976 lanzó su candidatura y fue la primera hispana electa a la Casa de Representantes de Texas.

Usa el párrafo como modelo para escribir acerca de la persona que hayas elegido. Menciona los sucesos en secuencia. Incluye una fecha.

____

____

____

Escribe un borrador Usa la tabla de secuencia para hacer tu borrador en el cuaderno de escritura. Usa palabras clave para mostrar secuencia.

Acuérdate

Escribir una biografía en secuencia ayuda a los lectores a comprender los sucesos. También le da a la biografía un buen principio, desarrollo y final. Usa palabras clave como *primero, luego, después* y *finalmente* para mostrar la secuencia de los sucesos en la biografía.

Revisar

Sustantivos precisos Un sustantivo indica una persona, un lugar o una cosa de la que se habla. Por ejemplo, *George Washington, Texas* y *libro* son sustantivos. Los sustantivos precisos son sustantivos más específicos. Por ejemplo, un *libro de ciencias* es más específico que tan solo *libro*. Los escritores utilizan sustantivos precisos para ayudar a los lectores a entender mejor sus ideas.

Acuérdate

Usa sustantivos precisos para ayudar a los lectores a visualizar personas, lugares y objetos en la biografía.

COLABORA

Vuelve a leer las primeras tres oraciones de *Elizabeth y el derecho al voto* de la página 372 de la **Antología de literatura.** Conversa con un compañero sobre el sustantivo *abolicionista.* ¿De qué modo te ayuda esta palabra a visualizar las creencias de Henry Stanton?

____

____

____

Revisión Llegó el momento de revisar tu escritura. Revisa tu borrador y busca partes en las que puedas utilizar un sustantivo más preciso. Encierra en un círculo dos oraciones o frases de tu borrador que puedas cambiar. Revísalas y anótalas en tu cuaderno de escritura.

____

____

Charlas entre compañeros

COLABORA

Revisión del borrador Escucha con atención mientras tu compañero lee su trabajo en voz alta. Comenta lo que te gustó. Usa estos comienzos de oración como ayuda para conversar sobre el borrador de tu compañero.

Me gustó esta parte porque...

No entendí el orden de los sucesos porque...

Utiliza un sustantivo más preciso aquí para reemplazar...

Tengo una pregunta sobre...

Sugerencia de compañeros Cuando tu compañero haya comentado tu borrador, escribe una de las sugerencias que aplicarás. Consulta la tabla de Pautas de evaluación de la página 31.

____

____

____

____

Revisión Al terminar la charla con tu compañero, consulta las sugerencias de comprobar la presentación para determinar qué debes cambiar para mejorar tu biografía. Recuerda consultar las pautas de evaluación en la página 31.

Comprobar la presentación

- ☐ ¿Tiene mi biografía una secuencia lógica de sucesos?
- ☐ ¿Usé al menos una fuente primaria?
- ☐ ¿Utilicé sustantivos precisos?
- ☐ ¿Son mis ideas claras para el lector?

Corregir

Después de revisar tu biografía, tienes que buscar errores gramaticales, de ortografía y de puntuación. Lee tu borrador al menos tres veces. Esto te ayudará a no pasar por alto ningún error. Fíjate en las sugerencias de comprobar la corrección, para corregir tus oraciones.

Comprobar la corrección

- ☐ ¿Comienzan todas las oraciones con mayúscula y tienen los signos de puntuación adecuados?
- ☐ ¿Los pronombres singulares y plurales corresponden con sus respectivos sustantivos?
- ☐ ¿Hay concordancia entre pronombres y verbos en la oración?
- ☐ ¿Están todas las palabras escritas correctamente?

Escribe dos errores que hayas encontrado al revisar tu biografía.

1. ______________________________

____

____

2. ______________________________

____

____

tecnoNOTAS

Si escribiste tu borrador en la computadora, utiliza la herramienta de revisión de ortografía para encontrar cualquier error que puedas haber cometido. Esta herramienta te sugerirá cómo escribir las palabras correctamente.

Enlace gramatical

Al revisar tu biografía, asegúrate de que el verbo coincide con el sujeto. Recuerda que los verbos en pasado describen una acción que ya sucedió.

Publicar, presentar y evaluar

Publicación Al publicar tu texto, muestra una copia limpia, clara y sin errores. Si no utilizas una computadora, escribe de forma clara en letra imprenta o cursiva.

Presentación Cuando estés listo para presentar tu trabajo, ensaya tu presentación. Como guía, lee las pautas de comprobar la presentación.

Evaluación Después de publicar tu texto, lee las pautas de evaluación para calificarlo.

¿Qué aspectos son satisfactorios? ____________________

____

¿Qué partes requieren de más trabajo? ____________________

____

Comprobar la presentación

- ☐ Mira al público.
- ☐ Habla lentamente y en voz alta.
- ☐ Practica tu presentación.
- ☐ Utiliza una línea cronológica para mostrar el orden de los sucesos.

4	3	2	1
• describe sucesos específicos de la vida de una persona y el modo en que influyeron • presenta los sucesos en el orden correcto • utiliza muchos sustantivos precisos y las ideas son claras	• describe algunos sucesos importantes de la vida de una persona • presenta los sucesos en el orden correcto • utiliza algunos sustantivos precisos y las ideas son claras	• describe unos pocos sucesos de la vida de una persona • algunos sucesos no están en orden • utiliza pocos sustantivos precisos y las ideas no son claras	• no da mucha información sobre la vida de una persona • los sucesos no están en orden • no utiliza sustantivos precisos y las ideas son confusas

Coméntalo

Pregunta esencial

¿Cómo conseguimos lo que necesitamos?

COLABORA

Los niños tienen sed y quieren un vaso de la limonada que está vendiendo Susana. Algunos pagarán con dinero, otros harán un trueque o intercambio. Susana también recibe lo que necesita. Ella quiere ahorrar dinero para comprar una nueva bicicleta.

ESTUDIOS SOCIALES

Mira la fotografía. Conversa sobre cómo los niños de la fila conseguirán lo que necesitan. Escribe cómo consigues lo que necesitas en la red de palabras.

Obtener lo que necesitas

BLAST BACK! studysync

Lee en **my.mheducation.com** el *blast* "Negocios solamente". Piensa en cómo los negocios ayudan a las personas a conseguir lo que necesitan.

LECTURA COMPARTIDA

TOMA NOTAS

Comprender por qué lees, te ayuda a ajustar cómo lees. Te ayuda a decidir si vuelves a leer o lees despacio. Dale un vistazo preliminar al texto y escribe tu propósito.

____

____

Mientras lees, toma nota de:

Palabras interesantes: ____________

____

____

____

Detalles clave: ____________

____

____

____

____

El granjero y el duende

Pregunta esencial

¿Cómo conseguimos lo que necesitamos?

Lee qué hace el duende invisible para conseguir lo que necesita.

En una noche fría Tiburcio, un duende invisible, se refugió en la casa de una familia de artistas. Se sintió tan cómodo allí que decidió quedarse y darle a cada miembro de la familia un regalo especial. Así, Eduardo, el papá, una tarde descubrió que podía tocar canciones en una guitarra que no tenía cuerdas. Juliana, la hija, se dio cuenta de que bailaba sin que sus pies tocaran el suelo. Emilia, la mamá, comenzó a entrar en los cuadros que ella misma pintaba y a pasear por su mundo imaginario. Por su parte, Samuel, el hijo, podía escribir poemas en cuadernos con hojas que no se acababan nunca. El duende Tiburcio los observaba y sonreía al verlos tan felices.

La familia de artistas tenía como vecino a Pablo, un granjero que vivía solo. Pablo cultivaba árboles frutales a los que cuidaba con **paciencia**.

Henry González

BUSCAR EVIDENCIAS

Leer

Párrafo 1

Resumir

¿Qué regalos especiales les dio el duende a la familia? **Encierra en un círculo** la evidencia en el texto.

Punto de vista

¿Cómo se sintió el duende cuando llegó a la casa de los artistas? **Subraya** la evidencia en el texto.

____

____

Párrafo 2

Raíces de palabras

Encierra en un recuadro la palabra *granjero*. Escribe su raíz.

____

Releer

Técnica del autor

¿De qué modo el autor describe que los regalos del duende son muy especiales para la familia?

LECTURA COMPARTIDA

BUSCAR EVIDENCIAS

Leer

Párrafos 1-2

Punto de vista

¿Cómo se sintió Emilia cuando vio a Pablo blanco como un papel?

Encierra en un círculo la evidencia.

Párrafos 4-5

Sucesos

Subraya dos eventos que muestren que esto es un cuento de hadas.

Párrafos 4-5

Resumir

¿Por qué el duende hizo aparecer unos granjeros amigos? **Encierra en un recuadro** la razón.

Releer

Técnica del autor

Vuelve a leer los párrafos 1-3. ¿Cómo te ayuda el autor a visualizar lo que le sucede a Pablo?

Un día, mientras Emilia preparaba un pastel, se dio cuenta de que no tenía suficientes manzanas. Decidió **interrumpir** su tarea y ver si Pablo podía darle algunas. Como era habitual que ambos hicieran **trueques** para conseguir lo que necesitaban, Pablo aceptó con gusto un poco de queso como **pago**.

Al terminar, Emilia le llevó un trozo de pastel a Pablo. Pero fue grande su sorpresa al encontrarlo blanco como un papel. Pidió ayuda y Samuel salió en busca del médico.

Con mucha **delicadeza**, Eduardo recostó a Pablo en el sofá. Luego de examinarlo, el médico dijo que Pablo ya estaba bien. Emilia decidió que lo mejor era que Pablo se fuera con ellos a casa, para poder cuidarlo entre todos.

El duende invisible observaba desde el sofá. Como además de bondadoso era sabio, el duende se dio cuenta de que Pablo necesitaba compañía y diversión.

Entonces, movió los dedos y cerró los ojos. De inmediato, en la casa de los artistas aparecieron unos granjeros amigos y armaron una gran fiesta para alegrar a Pablo.

El granjero solitario y los artistas entraron en la casa. Los invitados, al lado de una mesa llena de frutas, panes y quesos, gritaban: "¡Sorpresa!".

El granjero estaba muy emocionado y reía a **carcajadas**. Emilia le entregó un cuadro donde se veía a toda la familia, para que pudiera entrar en él cuando se sintiera solo. La guitarra fantástica de Eduardo interpretó melodías preciosas. Los niños prepararon un **trono**. Pablo se sentó allí, como un **soberano**, a contemplar cómo sus vecinos y amigos se divertían y se preocupaban por él.

Todos habían puesto manos a la obra para ayudar al granjero solitario.

Ahora Tiburcio podía mudarse a otro lugar. Él también había puesto manos a la obra para conseguir lo que tanto quería: hacer felices a los demás.

Henry González

Resumir

Vuelve a leer "El granjero y el duende". Resume los sucesos más importantes y cuenta cómo termina la gran fiesta.

BUSCAR EVIDENCIAS

Leer

Párrafos 1-3

Resumir

¿Qué hizo la familia de artistas en la fiesta para Pablo? **Subraya** los detalles clave.

Párrafo 4

Punto de vista

¿Qué consiguió Tiburcio?

____

Encierra en un círculo la evidencia del texto.

Releer

Técnica del autor

¿Cómo el autor te ayuda a entender cómo se siente Tiburcio al final del cuento de hadas?

Fluidez

Túrnate con un compañero para leer en voz alta el primer párrafo. Hablen sobre cómo dar énfasis a la exclamación.

Vocabulario

Con las oraciones que se dan como ejemplo, comenta con un compañero lo que significa cada palabra. Luego, responde las preguntas.

carcajadas

El papá le hizo cosquillas y el niño se rio a **carcajadas**.

¿En qué situaciones te ríes a carcajadas?

____

____

delicadeza

Tom acarició a su hermanito recién nacido con **delicadeza**.

¿Cuándo sostienes algo con delicadeza?

____

____

interrumpir

La estudiante presta atención a la lección sin **interrumpir**.

¿Cuándo debemos escuchar algo sin interrumpir?

____

____

paciencia

Lila hace un rompecabezas con mucha **paciencia**.

¿Cuándo debes esperar con paciencia?

____

____

pago

Mamá compró el jarrón de nuestro vecino y realizó un solo **pago**.

¿Qué utilizamos para realizar un pago?

____

____

Tu lista de palabras Vuelve a leer el párrafo 4 de la página 36. **Encierra en un recuadro** la palabra *sabio*. Busca la definición de la palabra en el diccionario. Escribe una oración con la palabra *sabio* en tu cuaderno de escritura.

soberano

Nick juega a que su habitación es un castillo y él es un **soberano**.

¿Qué sinónimos de soberano conoces?

____

____

trono

El gato duerme en el sillón como si fuera su **trono**.

¿Quién se sienta en un trono?

____

____

trueque

Amy hace un **trueque**. Ella intercambia con Kim una manzana por un dulce.

¿Conoces una palabra que significa casi lo mismo que trueque?

____

____

Raíces de palabras

La raíz es la parte de la palabra que no cambia. Cuando lees una palabra desconocida, fíjate en su raíz para intentar descubrir su significado.

BUSCAR EVIDENCIAS

En la página 36, veo la palabra delicadeza. *Pienso que la raíz es* delicado. *Sé que* delicado *significa "suave, fino". Hacer algo con delicadeza significa "hacer algo de manera suave o fina".*

Con mucha delicadeza, Eduardo recostó a Pablo en el sofá.

Henry González

Tu turno Encuentra la raíz de las palabras. Usa cada raíz y descubre su significado.

imaginario, página 35 ______________________

bondadoso, página 36 ______________________

Releer | LECTURA COMPARTIDA

Resumir

Cuando resumes, vuelves a contar los sucesos más importantes de una historia. Usa detalles para resumir "El granjero y el duende".

BUSCAR EVIDENCIAS

¿Qué hizo Emilia cuando se dio cuenta de que no tenía suficientes manzanas para hacer su pastel? Identifica los sucesos importantes y resúmelos con tus propias palabras.

Página 36

Un día, mientras Emilia preparaba un pastel, se dio cuenta de que no tenía suficientes manzanas. Decidió **interrumpir** su tarea y ver si Pablo podía darle algunas. Como era habitual que ambos hicieran **trueques** para conseguir lo que necesitaban, Pablo aceptó con gusto un poco de queso como **pago**.

Al terminar, Emilia le llevó un trozo de pastel a Pablo. Pero fue grande su sorpresa al encontrarlo blanco como un papel. Pidió ayuda y Samuel salió en busca del médico.

Con mucha **delicadeza**, Eduardo recostó a Pablo en el sofá. Luego de examinarlo, el médico dijo que Pablo ya estaba bien. Emilia decidió que lo mejor era que Pablo se fuera con ellos a casa, para poder cuidarlo entre todos.

Leí que Emilia quería preparar un pastel, pero en ese momento se dio cuenta de que no tenía suficientes manzanas. Por eso, decidió ir a la casa de su vecino Pablo y hacer un trueque: él le daría manzanas y ella, a cambio, le daría queso. Pablo aceptó porque ellos realizaban trueques para conseguir lo que necesitaban.

Acuérdate

Resumir te ayuda a entender el cuento. Luego de leer cada página, haz una pausa y pregúntate qué sucedió. Parafrasea o vuelve a contar los sucesos de esa página con tus propias palabras. Haz notas en tu cuaderno de escritura. Recuerda mantener el sentido y el orden del cuento.

COLABORA

Tu turno Vuelve a leer "El granjero y el duende". Resume en orden los sucesos más importantes que indiquen lo que hizo Tiburcio desde su llegada. Luego escribe la respuesta aquí.

____

____

Sucesos y mensajes

Sabemos que "El granjero y el duende" es un **cuento de hadas** porque:

- Es una historia inventada con sucesos que no ocurrirían en la realidad.
- Usualmente hay personajes o acontecimientos mágicos.
- Casi siempre tiene un final feliz que deja una enseñanza.

BUSCAR EVIDENCIAS

Puedo decir que "El granjero y el duende" es un cuento de hadas. Un duende invisible no podría existir en la vida real. El duende realiza regalos especiales que también son mágicos. El cuento tiene un final feliz y una enseñanza.

Página 37

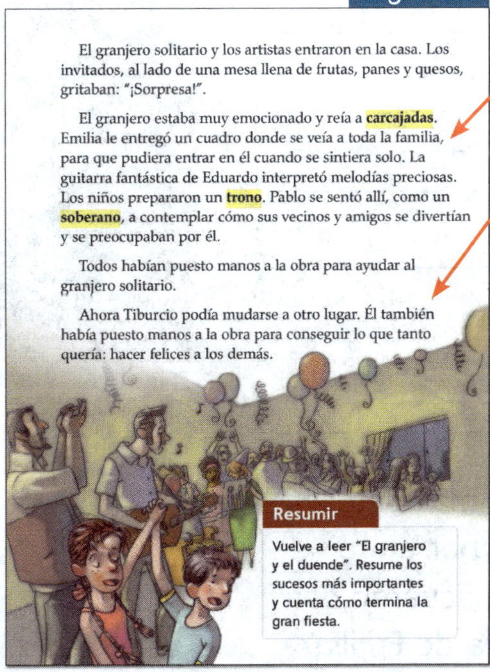

El granjero solitario y los artistas entraron en la casa. Los invitados, al lado de una mesa llena de frutas, panes y quesos, gritaban: "¡Sorpresa!".

El granjero estaba muy emocionado y reía a **carcajadas**. Emilia le entregó un cuadro donde se veía a toda la familia, para que pudiera entrar en él cuando se sintiera solo. La guitarra fantástica de Eduardo interpretó melodías preciosas. Los niños prepararon un **trono**. Pablo se sentó allí, como un **soberano**, a contemplar cómo sus vecinos y amigos se divertían y se preocupaban por él.

Todos habían puesto manos a la obra para ayudar al granjero solitario.

Ahora Tiburcio podía mudarse a otro lugar. Él también había puesto manos a la obra para conseguir lo que tanto quería: hacer felices a los demás.

Resumir

Vuelve a leer "El granjero y el duende". Resume los sucesos más importantes y cuenta cómo termina la gran fiesta.

Sucesos

Sucesos importantes en un cuento de hadas no podrían ocurrir en la vida real.

Mensaje

Los cuentos de hadas tienen un final feliz con un mensaje.

COLABORA

Tu turno Con un compañero, busca dos detalles que indiquen que este es un cuento de hadas. ¿Es como otros cuentos de hadas que conoces? Escribe tu respuesta.

____

____

____

De lectores a escritores

Los finales son importantes. Piensa en el final feliz de "El granjero y el duende". ¿Qué mensaje quiere el autor que sepas? Cuando escribas, piensa en el mejor final para completar tu escrito.

Punto de vista

Los personajes de un cuento tienen opiniones sobre otros personajes o sucesos de la historia. Este es su punto de vista. Presta atención a los detalles para entender el punto de vista de un personaje. Estos detalles te ayudan a comprender mejor la relación entre el personaje principal y los secundarios.

BUSCAR EVIDENCIAS

Tiburcio es el personaje principal. El granjero es secundario. ¿Qué piensa Tiburcio del granjero? Puedo volver a leer la página 36 para ver lo que Tiburcio piensa y hace. Estos detalles me ayudan a descubrir el punto de vista de Tiburcio con relación al granjero.

Detalles
Tiburcio observaba lo que sucedía en la casa del granjero.
El duende se dio cuenta de que el granjero necesitaba compañía y diversión.

↓

Punto de vista

Acuérdate

Descubrir el punto de vista de un personaje te ayuda a comprender sus acciones y la relación con otros personajes. Si no entiendes por qué un personaje actúa de determinada forma, vuelve a leer y busca evidencia del punto de vista del personaje.

COLABORA

Tu turno Vuelve a leer "El granjero y el duende". Escribe más detalles sobre los sentimientos de Tiburcio y la familia de artistas por el granjero. Descubre el punto de vista de ambos. ¿Estás de acuerdo con su punto de vista? ¿Estás de acuerdo con el punto de vista de Emilia?

Detalles

↓

Punto de vista de la familia

Responder a la lectura

COLABORA

Responde por escrito la siguiente pregunta. Piensa en el punto de vista del duende y de la familia de artistas con respecto al granjero.

¿De qué modo el autor te ayuda a comprender el punto de vista de los personajes?

____

____

____

____

____

____

____

____

____

____

____

Acuérdate

Usa estos comienzos de oración para hablar del duende y la familia.

Leí que el duende...

El autor...

El duende piensa que el granjero es...

Enlace gramatical

Mientras escribes la respuesta, piensa en la secuencia de sucesos que afectan el punto de vista de los personajes. Usa palabras como "Primero", "Luego", "Finalmente" para ayudar a los lectores a seguir la secuencia.

Integrar | BÚSQUEDA E INVESTIGACIÓN

ESTUDIOS SOCIALES

Planificar un negocio

Piensa en el puesto de limonada de Susana de la página 32. ¿Qué debió hacer Susana para crear su negocio?

Para crear un negocio, necesitas hacer un **plan**. Primero, decide qué deseas vender. Luego, haz una lista de los insumos que necesitarás. Después, piensa en cómo hacer publicidad y cuánto te costará. Lo último que debes hacer es fijarte un objetivo. Vuelve a mirar la página 32. Escribe el plan para el puesto de Susana.

Qué vender: ______________________________

Insumos: ______________________________

Cómo hacer publicidad y cuánto costará: ______________________________

Objetivo de Susana: ______________________________

Acuérdate

Necesitas cobrar más de lo que gastas. Haz una lista del costo de tus insumos. Piensa en cuánto estarían dispuestos a pagar tus clientes. Luego decide cuánto cobrarás.

COLABORA

Hacer un plan de negocios Piensa en un negocio que te gustaría hacer. Quizás quieras pasear perros o crear tarjetas de felicitación para vender. Conversa con adultos para que te ayuden a planificar tu negocio.

Qué vender: ______________________________

Insumos: ______________________________

Cómo hacer publicidad y cuánto costará: ______________________________

Tu objetivo: ______________________________

Releer | TEXTO PRINCIPAL

Antología de literatura, páginas 388-403

Rosas, piedritas y mariposas

¿De qué manera repite palabras y frases la autora para ayudarte a comprender cómo es la princesa?

COLABORA

Coméntalo Vuelve a leer la página 391. Comenta con un compañero la importancia de las repeticiones.

Cita Evidencias ¿Qué palabras y frases repite la autora? Escribe la evidencia del texto y explica de qué modo te ayuda a comprender cómo es la princesa.

Evidencia en el texto	Princesa

Escribe La autora usa la repetición para ayudarme a comprender que la princesa ______________________________

____

Hacer inferencias

Usa la evidencia en el texto y lo que sabes para hacer una inferencia. Una inferencia es una deducción basada en una evidencia. ¿Qué inferencia puedes hacer sobre por qué la princesa permanecía callada?

¿De qué modo usa la autora el lenguaje para ayudarte a visualizar el diálogo entre la princesa y el hombre?

COLABORA

Coméntalo Vuelve a leer la página 398. Comenta con un compañero el diálogo entre la princesa y el hombre.

Cita evidencias ¿Qué palabras y frases te ayudan a visualizar lo que sucede en el diálogo? Escribe la evidencia del texto en la tabla.

Evidencia en el texto	¿Qué me ayuda a visualizar?

Escribe Las palabras y frases de la autora me ayudan a visualizar ______

______

______

______

Acuérdate

Puedo usar estos comienzos de oración como ayuda cuando converso sobre selección de palabras de la autora.

La autora usa palabras y frases para...

Esto me ayuda a visualizar...

Hacer inferencias

Usa la evidencia en el texto y lo que sabes para hacer una inferencia. ¿Qué inferencia puedes hacer acerca de por qué la princesa susurra cuando debe responder?

Releer

TEXTO PRINCIPAL

¿Cómo te ayudan las ilustraciones a comprender el final del cuento?

COLABORA

Coméntalo Vuelve a leer la página 401 y mira la ilustración. Comenta el final del cuento con un compañero.

Cita evidencias ¿Qué pista en la ilustración te ayuda a entender que la princesa consiguió lo que necesitaba? Anótala en la tabla.

Pista en la ilustración	Cómo me ayuda

Escribe La autora utiliza las ilustraciones para ayudarme a ver cómo la princesa ______________________________

Acuérdate

Cuando vuelvo a leer, puedo usar las ilustraciones como ayuda para comprender mejor el cuento.

Evaluar información

A la princesa le da mucha vergüenza hablar en las clases. ¿Qué dice esto sobre cómo se siente la princesa?

Responder a la lectura

COLABORA

Responde la siguiente pregunta. Piensa en cómo la autora te ayuda a visualizar los sucesos del cuento. Consulta tus notas y el organizador gráfico.

¿De qué manera la autora usa el texto y las ilustraciones para mostrar cómo la princesa consigue alcanzar sus objetivos?

Acuérdate

Usa estos comienzos de oración para organizar la evidencia en el texto.

La autora describe cómo la princesa...

Las ilustraciones me ayudan a ver...

Esto me ayuda a saber que la princesa...

Mis lecturas

Elige un texto y anota en tu cuaderno de escritura el título, el autor y el género del libro. Mientras leas, haz conexiones con ideas de otros textos que hayas leído o con una experiencia personal. Anota tus ideas en tu cuaderno de escritura.

Releer LECTURA COMPLEMENTARIA

El dinero: Ayer y hoy

Antología de literatura, páginas 404-407

Ganar y gastar

1 Las personas ganan dinero trabajando mucho. Quizás tengan un oficio o inventen algo novedoso. Incluso, podrían emprender un negocio propio. Quizás no tengas edad suficiente para trabajar, pero hay muchas maneras en las que puedes ganar dinero. Muchos niños ayudan a sus vecinos barriendo hojas o paseando perros. Hay padres que les dan a sus hijos una mesada a cambio de que ayuden en la casa.

2 ¿Qué haces con el dinero que ganas? Bueno, tienes distintas opciones. La más sencilla es gastar el dinero en cosas que quieras o necesites. Gastar dinero es fácil. Aprender a ahorrar dinero puede ser un reto.

Skip ODonnell/E+/Getty Images

Vuelve a leer y haz anotaciones en el texto siguiendo las instrucciones.

En el párrafo 1, **encierra en un círculo** la frase *a cambio de*. **Subraya** las claves de contexto que te ayudan a determinar el significado de la frase. Escribe el significado aquí.

____

____

____

Vuelve a leer el párrafo 2. **Encierra en un recuadro** las dos formas en las que puedes usar el dinero.

COLABORA

Conversa con un compañero sobre la diferencia entre las maneras de usar el dinero. **Haz marcas** junto a la evidencia en el texto que describe en qué se diferencian.

Ahorrar y donar

1 Ahorrar dinero es importante porque tendrás en caso de necesitarlo. Muchas personas guardan en una cuenta de ahorros el dinero que quieren ahorrar. Luego el banco paga intereses, o dinero por cada mes que el dinero permanece en el banco.

2 Algunas personas ahorran parte de su dinero, pero también quieren ayudar a otros. Donar implica darle dinero a alguien que lo necesita para hacer una buena obra. Quizás quieras ayudar a grupos que trabajan con perros y gatos. O quieras ayudar a grupos que intentan limpiar los océanos. Hacer donaciones ayuda a pagar por las obras que hacen estos grupos.

En el párrafo 1, **encierra en un círculo** la palabra *intereses*. **Subraya** las claves de contexto que te ayudan a determinar su significado. Escribe el significado aquí.

____

____

____

COLABORA

Vuelve a leer el párrafo 2. **Encierra en un recuadro** los diferentes grupos a los que puedes donar dinero. Conversa con un compañero sobre cómo podrían tus donaciones ayudar a otros. **Haz una marca** junto a la evidencia en el texto.

CatLane/iStock/Getty Images

Releer

LECTURA COMPLEMENTARIA

¿De qué manera te ayuda el autor a comprender lo que piensa acerca de ahorrar y donar dinero?

COLABORA

Coméntalo Vuelve a leer el fragmento de la página 51. Comenta con un compañero acerca de lo que piensa el autor sobre ahorrar y donar dinero. Esto te ayudará a determinar el punto de vista del autor.

Cita evidencias ¿Cómo sabes lo que piensa el autor acerca de ahorrar y donar dinero? Escribe la evidencia del texto en la tabla.

Detalles

↓

Punto de vista

Escribe Sé qué es lo que el autor piensa sobre ahorrar y donar dinero porque ____________

____

____

Acuérdate

Cuando vuelvo a leer, puedo encontrar evidencia en el texto que me ayude a responder a las preguntas.

Voz

Los escritores usan el lenguaje para expresar su personalidad o una voz. Por ejemplo, una gramática perfecta y palabras solemnes crean una voz formal. El lenguaje que usas cuando conversas con un amigo tiene una voz informal.

BUSCAR EVIDENCIAS

En el párrafo 1 del fragmento de la página 51, el autor escribe: "Ahorrar dinero es importante porque tendrás en caso de necesitarlo". El autor escribe con una voz formal porque utiliza oraciones completas y una gramática correcta.

> Ahorrar dinero es importante porque tendrás en caso de necesitarlo. Muchas personas guardan en el banco el dinero que quieren ahorrar.

COLABORA

Tu turno Vuelve a leer el párrafo 2 en la página 51.

- ¿Cómo sabes que el autor utiliza una voz formal?

____

____

____

De lectores a escritores

La voz formal utiliza oraciones completas y una gramática correcta. La voz informal es menos seria y se utiliza cuando se escribe para amigos. Cuando escribas, elige las palabras y usa el lenguaje que contribuyan mejor a la voz con la que estás escribiendo.

Integrar | HACER CONEXIONES

Conexiones del texto

¿De qué manera el autor de "Un buen acuerdo" y el de *Rosas, piedritas y mariposas* te ayudan a visualizar cómo los personajes consiguieron lo que necesitaban?

COLABORA

Coméntalo Lee el poema. Conversa con un compañero sobre cómo los niños consiguen lo que necesitan.

Cita evidencias Vuelve a leer el poema "Un buen acuerdo". ¿Cómo consiguieron los niños lo que necesitaban? **Encierra en un recuadro** las pistas.

Escribe Los niños del poema y los personajes de los textos se parecen y se diferencian porque ____________

____

____

____

____

____

____

____

Acuérdate

Este poema muestra cómo llegan dos niños a un buen acuerdo. Puedo compararlo con los otros textos que leí esta semana.

Un buen acuerdo

"Si te doy una manzana,
¿qué me darás a cambio?".
"Puedo darte unas ciruelas
que crecieron en mi árbol".
Así fue que los dos amigos
a un buen acuerdo llegaron.
En el patio de la escuela
los dos juntos almorzaron.

ESTUDIOS SOCIALES

Presentar el trabajo

COLABORA

Decide cómo presentarás tu plan de negocios a la clase. Crea diapositivas o carteles. Lleva muestras de productos, Usa la lista de comprobar la presentación como ayuda.

Antes de comenzar, organizaré mi presentación con ______________________

____

Organizar una presentación es importante porque ______________________

____

Acuérdate

Las tarjetas con notas sirven para organizar una presentación. Úsalas para registrar cada ida. Estas tarjetas te ayudarán a recordar las ideas clave.

Comprobar la presentación

- ☐ Usaré tarjetas con notas para organizar mi presentación.
- ☐ Respaldaré las ideas con al menos tres argumentos.
- ☐ Practicaré mi presentación.
- ☐ Elegiré un producto divertido para usar como muestra.

Coméntalo

Pregunta esencial

¿Qué tipos de energía existen?

COLABORA

CIENCIAS

Carlos vive cerca de un parque eólico. La energía del viento, o energía eólica, produce la electricidad que calienta su casa. La energía proviene de distintas fuentes. La energía eólica y la energía solar son renovables. Mira la fotografía. Habla sobre los distintos tipos de energía que ves. Escribe sobre lo que ves y sabes sobre la energía en la red de palabras.

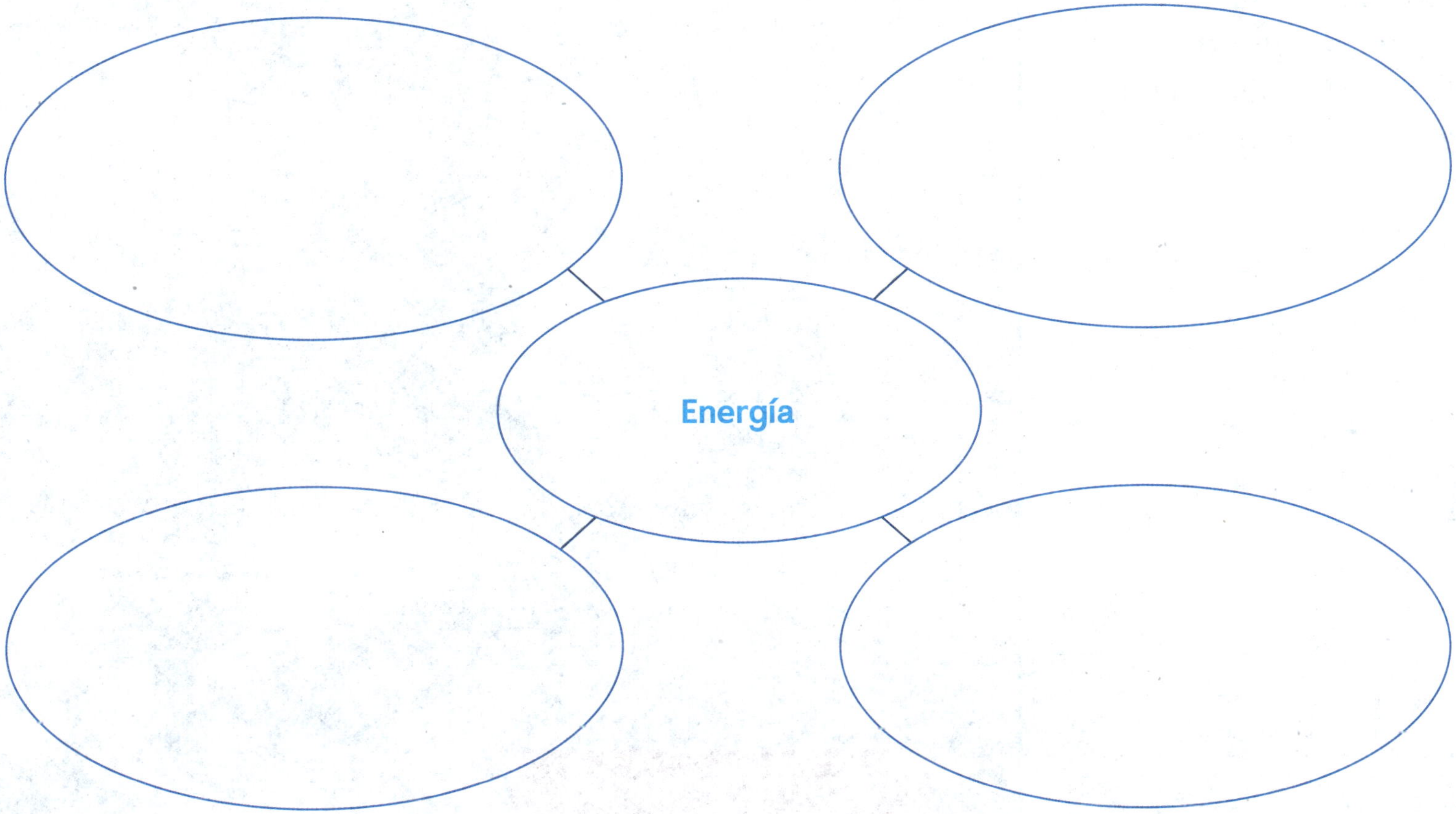

BLAST BACK! studysync

Lee en **my.mheducation.com** el *blast* "¿Puedes oírme?". Piensa en los distintos tipos de energía. Respóndelo y envíalo.

Simon Jarratt/Corbis VCG/Getty Images

TOMA NOTAS

Comprender por qué estás leyendo te ayuda a ajustar la manera en la que lees. Si lees para obtener información, quizás debas volver a leer algunas secciones para asegurarte de que entiendes. Dale una mirada al texto y escribe tu propósito de lectura.

____

____

____

Mientras lees, toma nota de:

Palabras interesantes: _______________

____

____

____

Detalles clave: _______________

____

____

TIME FOR KIDS

Este deportista obtiene su energía de los alimentos saludables que come.

Pregunta esencial

¿Qué tipos de energía existen? Lee acerca de por qué la energía solar es una buena fuente de energía.

La energía solar

¿Qué tienen en común un carro y una fábrica? Los dos necesitan **energía** para funcionar. La energía mantiene las cosas en movimiento.

La energía en la actualidad

Obtienes energía porque ingieres alimentos saludables. Muchas fábricas, casas y carros la obtienen del carbón, petróleo, gas natural y otros combustibles fósiles. Por más de un siglo, estas fueron las **fuentes tradicionales**, o sea comunes. Hoy, gran parte de la energía usada en EE. UU. proviene de combustibles fósiles.

Estos combustibles se encuentran bajo la superficie de la Tierra y se están acabando. No son reutilizables, una vez agotados, se terminan para siempre. Por eso necesitamos fuentes alternativas para **reemplazarlos**. Los científicos buscan fuentes de energía nuevas o alternativas que no se agoten. La energía solar es una buena alternativa para reemplazar a los combustibles fósiles.

TEXTO ARGUMENTATIVO

BUSCAR EVIDENCIAS

Leer

Párrafo 1

Causa y efecto

Subraya qué sucede cuando ingieres alimentos saludables. ¿Qué palabra clave te ayuda a saberlo?

____

Párrafo 3

Hacer y responder preguntas

¿Qué sucede cuando un combustible fósil se agota?

____

Encierra en un círculo la evidencia en el texto. Escribe tu propia pregunta acerca de los combustibles fósiles.

____

Releer

Técnica del autor

¿Cómo hace el autor para que te intereses en la energía solar?

LECTURA COMPARTIDA

BUSCAR EVIDENCIAS

Leer

Párrafos 1-2

Títulos

Subraya detalles en el texto que apoyen el título. ¿Qué dice acerca de la energía solar?

____

Nota al margen

Homófonos

Encierra en un recuadro una palabra que suene de la misma manera que *rallos.*

Escríbela aquí. _______________

Causa y efecto

¿Qué hace que la electricidad circule en los edificios? **Encierra en un círculo** la causa.

Releer

Técnica del autor

¿Por qué "La energía solar merece destacarse" es un buen título para esta sección?

TIME FOR KIDS

POSICIÓN / CONTRAPOSICIÓN

La energía solar merece destacarse

La energía solar es una fuente de energía **renovable**. No es costosa. Cada año es más barato fabricar e instalar paneles solares. Además, ¡la luz del sol es gratis! Cuando las personas obtienen energía de los combustibles fósiles, tienen que pagar por el carbón, el combustible y el gas natural que se consume.

La energía solar es mejor para el medioambiente porque no causa **contaminación**. La contaminación producida por los combustibles fósiles puede perjudicar la calidad del aire que respiramos todos.

Los paneles solares se colocan en los techos de los edificios.

Cómo funcionan los paneles solares

La energía solar es un **recurso natural**. Es decir, no fue producida ni modificada por el hombre. En un día despejado, los rayos llegan a los paneles y **producen** electricidad. Luego, la electricidad circula en los edificios. Como resultado, se produce la energía suficiente para enfriar o calentar las casas y para encender luces, cocinas y computadoras.

¿Qué pasa los días lluviosos?

La energía solar tiene algunas desventajas. Por ejemplo, cuando el sol no brilla no se produce energía. "Si es de noche o está muy nublado, los paneles solares no generan electricidad. Los científicos están diseñando baterías más eficientes que pueden cargarse mientras el sol brilla. De esta manera se podría usar la energía solar aun después del atardecer. Pero hasta esas baterías pueden agotarse si se usa demasiada energía.

Un futuro brillante

Millones de personas en todo el mundo usan energía solar para producir electricidad en sus casas y empresas. Estas personas se están dando cuenta de que la energía solar puede hacer casi todo lo que hacen los combustibles fósiles.

Quizá algún día la energía solar reemplace completamente a los combustibles fósiles. ¡Estas son buenas noticias para nuestro planeta!

Evgeny Kirilev/Vetta/Getty Images;Culture Creative/Alamy

Resumir

Usa tus notas para resumir ambos argumentos en "La energía solar".

TEXTO ARGUMENTATIVO

BUSCAR EVIDENCIAS

Leer

Párrafo 1

Hacer y responder preguntas

¿Qué sucede cuando el sol no está brillando?

____

____

Encierra en un círculo la evidencia del texto.

Párrafos 2-3

Causa y efecto

¿Cuál es el efecto de reemplazar combustibles fósiles?

____

____

Subraya la evidencia en el texto.

Releer

Técnica del autor

¿Cómo te ayuda el autor a comprender qué son *desventajas*?

Releer | LECTURA COMPARTIDA

Vocabulario

Con las oraciones que se dan como ejemplo, comenta con un compañero lo que significa cada palabra. Luego, responde las preguntas.

contaminación

La **contaminación** del agua con basura o químicos puede dañar a los animales.

Nombra algo que pueda causar contaminación.

____

____

energía

La buena comida le da mucha **energía** a Ronaldo para jugar con sus amigos.

¿De dónde obtienen la energía los carros?

____

____

Tu lista de palabras Busca la palabra *diseñando* en la página 61. Anótala en tu cuaderno de escritura. Usa una red de palabras para escribir otras formas de esa palabra. Usa un diccionario como ayuda.

fuente

El viento es una poderosa **fuente** de energía.

¿Cuáles son tus fuentes de energía?

____

____

producir

Los paneles solares pueden **producir** suficiente electricidad para calentar una casa.

¿Qué palabra significa lo mismo que *producir*?

____

____

recurso natural

Los árboles frutales son un **recurso natural**.

¿Qué recurso natural se usa para construir casas?

____

____

reemplazar

Tina quiere **reemplazar** su carro por uno eléctrico.

Nombra algo que puedas reemplazar.

____

____

renovable

Los árboles son un recurso **renovable** porque siempre crecerán árboles nuevos.

¿Qué significa la palabra *renovable*?

____

____

tradicional

Quedarse despierto hasta tarde es una manera **tradicional** de celebrar el año nuevo.

¿Qué otra palabra significa lo mismo que *tradicional*?

____

____

Homófonos

Los **homófonos** son palabras que se pronuncian igual, pero tienen diferente significado y se escriben distinto. Las palabras *tubo* y *tuvo* son homófonos. Usa claves de contexto para deducir el significado de un homófono.

BUSCAR EVIDENCIAS

Veo la palabra casas *en la página 60.* Casas *y* cazas *son homófonos.* Casas *significa "viviendas".* Cazas *significa "buscas animales para atraparlos o matarlos". Puedo usar las claves de contexto para deducir lo que significa* casas. *Aquí quiere decir "viviendas".*

se produce energía suficiente para enfriar o calentar las casas

Tu turno Usa las claves de contexto para deducir el significado de la palabra. Luego piensa en cuál es su homófono.

vez, página 59 _______________

____

Corey Rich/Aurora Open/Corbis

Hacer y responder preguntas

Hacerte preguntas mientras lees te ayuda a entender mejor lo que estás leyendo. Hazte preguntas mientras lees "La energía solar". Luego, busca detalles para respaldar tus respuestas.

Acuérdate

Comienza tus preguntas con palabras como *qué, quién, dónde, cuándo, por qué, cómo*. Este tipo de preguntas te ayudan a comprender el texto.

BUSCAR EVIDENCIAS

Mira la sección "La energía en la actualidad" en la página 59. Piensa en una pregunta. Luego lee para responderla.

Página 59

Obtenemos energía al ingerir alimentos saludables. Muchas fábricas, casas y carros la obtienen del carbón, petróleo, gas natural y otros combustibles fósiles. Por más de un siglo, estas fueron las **fuentes tradicionales**, o sea comunes. Hoy, gran parte de la energía usada en EE. UU. proviene de combustibles fósiles.

Estos combustibles se encuentran bajo la superficie de la Tierra y se están acabando. No son reutilizables, una vez agotados, se terminan para siempre. Por eso necesitamos fuentes alternativas para **reemplazarlos**. Los

Me pregunto: ¿Qué son los combustibles fósiles? Leí que muchas fábricas, casas y carros funcionan con combustibles fósiles. Están debajo de la superficie de la Tierra y se están acabando. Puedo responder mi pregunta. Los combustibles fósiles provienen de la Tierra, pero no siempre estarán allí.

COLABORA

Tu turno Vuelve a leer la página 60. Piensa en una pregunta sobre la energía solar. Escríbela aquí. Comenta la respuesta con un compañero.

____

____

Títulos y notas al margen

"La energía solar" es un **texto argumentativo.** Un texto argumentativo:

- expresa una idea y persuade al lector para que esté a favor de ella.
- apoya con evidencia argumentos o enunciados de que algo es cierto.
- incluye elementos del texto como títulos y notas al margen.

BUSCAR EVIDENCIAS

Me doy cuenta de que "La energía solar" es un texto argumentativo. Expresa la opinión de que la energía solar es una fuente de energía útil. Los argumentos están apoyados por hechos. Tiene títulos que se enfocan en cada sección. También tiene una nota al margen.

De lectores a escritores

Un argumento es una afirmación de que algo es cierto. En un texto argumentativo, el autor intenta convencer de que su argumento es verdadero. Cuando escribes un texto argumentativo, usas datos y evidencia para apoyar tus argumentos.

Página 60

TIME FOR KIDS

La energía solar merece destacarse

La energía solar es una fuente de energía **renovable**. No es costosa. Cada año es más barato fabricar e instalar paneles solares. Además, ¡la luz del sol es gratis! Cuando las personas obtienen energía de los combustibles fósiles, tienen que pagar por el carbón, el combustible y el gas natural que se consume.

La energía solar es mejor para el medioambiente porque no causa contaminación. La **contaminación** producida por los combustibles fósiles puede perjudicar la calidad del aire que respiramos todos.

Los paneles solares se colocan en los techos de los edificios.

Cómo funcionan los paneles solares

La energía solar es un **recurso natural**. Es decir, no fue producida ni modificada por el hombre. En un día despejado, los rayos llegan a los paneles y **producen** electricidad. Luego, la electricidad circula en los edificios. Como resultado, se produce la energía suficiente para enfriar o calentar las casas y para encender luces, cocinas y computadoras.

Títulos

Los títulos dicen de qué trata una sección del texto.

Notas al margen

Las notas al margen dan información adicional sobre un tópico.

COLABORA

Tu turno Vuelve a leer la nota al margen de la página 60. Comenta cómo funcionan los paneles solares. Escribe un detalle aquí.

____

____

____

Releer | LECTURA COMPARTIDA

Causa y efecto

La causa es la razón por la cual sucede algo. El efecto es lo que sucede. Ocurren en orden cronológico. Palabras clave como *entonces, como resultado* y *porque* sirven para identificar causas y efectos.

BUSCAR EVIDENCIAS

En la página 59 leí que necesitamos reemplazar los combustibles fósiles por fuentes alternativas. Este es el efecto. Puedo encontrar la causa. Una vez agotados, los combustibles fósiles se terminan para siempre. Por eso necesitamos fuentes alternativas de energía.

Causa →	Efecto
Una vez que los combustibles fósiles se terminan, es para siempre. →	Necesitamos reemplazarlos por fuentes alternativas de energía.

Tu turno Vuelve a leer "La energía solar". Usa las palabras clave para encontrar más causas y efectos. Escríbelos en el organizador gráfico.

COLABORA

Acuérdate

Las palabras clave pueden ayudarte a encontrar las causas y los efectos, pero no siempre están presentes. Buscar una relación entre dos hechos que parecen estrechamente vinculados también puede ayudarte. Pregúntate: *¿Alguna de estas cosas hizo que la otra ocurriera?*

Holger Burmeister/Alamy Stock Photo

Causa	→	Efecto
	→	
	→	
	→	

Releer | LECTURA COMPARTIDA

Responder a la lectura

Comenta la siguiente pregunta. Piensa en cómo el autor organiza la información. Consulta tus notas y el organizador gráfico.

¿Cómo te ayuda el autor a entender qué opinan las personas acerca de la energía solar?

____

____

____

____

____

____

____

____

____

____

____

____

Acuérdate

Usa estos comienzos de oración para hablar acerca del texto.

Leí que la energía solar...

El autor...

Esto me ayuda a entender que...

Enlace gramatical

Mientras escribes tu respuesta, recuerda que debes usar las comillas apropiadamente siempre que cites las palabras del autor. Recuerda que los puntos y las comas quedan afuera y no dentro de las comillas.

CIENCIAS

Hacer preguntas

Hacer preguntas es un buen modo de aprender más sobre un tema. Esto te ayuda a descubrir las semejanzas y diferencias entre las cosas. Colocar respuestas en una tabla te ayuda a comparar información.

Acuérdate

Cuando investigues, hazte preguntas que puedas contestar con *sí* o con *no*. Esto te ayudará a hacer una tabla que te ayudará a ver si las cosas son iguales o diferentes.

	¿Es renovable?	¿Es contaminante?
Gas natural	No	Sí
Energía de las mareas	Sí	No

Mira la tabla. ¿Cuáles son las dos fuentes de energía que compara?

___

¿Cuál de esas fuentes de energía es renovable?

___

COLABORA

Tu turno Investiga dos fuentes de energía y compáralas. Usa la tabla de muestra y sigue estos pasos para hacer tu propia tabla.

1. Haz una tabla.
2. Escribe las fuentes de energía en la primera columna. Escribe las preguntas en la primera fila.
3. Completa la tabla con las respuestas.

Releer | TEXTO PRINCIPAL

El poder del viento

Antología de literatura, páginas 408–411

¿Cómo te ayuda el autor a comprender que el viento puede ser muy fuerte?

COLABORA

Coméntalo Vuelve a leer "El viento es energía" en la página 409. Conversa con un compañero acerca de lo que puede hacer el viento.

Cita evidencias ¿Qué palabras describen cómo la gente ha usado el viento? Escribe la evidencia del texto en la tabla.

Evidencia del texto	Lo que comprendo

Escribe Comprendo cómo el viento ayuda a las personas porque el autor ______________________________

____

____

Evalúa la información

El autor argumenta que "El viento ha sido una fuente de energía desde la antigüedad". ¿Qué evidencia usa el autor para apoyar su argumento? ¿Es la evidencia convincente?

¿Cómo usa el autor los elementos del texto para ayudarte a entender cómo las turbinas de viento proveen energía?

COLABORA

Coméntalo Mira el diagrama y la foto de la página 410. Conversa con un compañero lo que muestran estos elementos del texto.

Cita evidencias ¿Cómo te ayudan los elementos del texto a comprender cómo las turbinas de viento proveen electricidad? Escribe cómo en la tabla.

Elementos del texto	Pistas	Cómo ayuda

Escribe Los elementos del texto me ayudan a entender cómo las turbinas pueden proveer energía a una ciudad al

___

___

Acuérdate

Cuando vuelvo a leer, puedo pensar sobre cómo los elementos del texto me ayudan a comprender mejor el tópico.

Hacer inferencias

Una inferencia es una suposición basada en la evidencia. Usa la foto para hacer una inferencia sobre cómo algunas personas no quieren parques eólicos en sus ciudades.

Responder a la lectura

COLABORA

Responde por escrito la siguiente pregunta. Piensa en las razones que el autor da para apoyar la energía eólica. Consulta tus notas y el organizador gráfico.

¿Cómo te ayuda el autor a comprender los argumentos a favor y en contra de la energía eólica?

Acuérdate

Usa estos comienzos de oraciones para comentar por qué la energía eólica es importante.

El autor usa...

Esto me ayuda a comprender que...

El autor me ayuda a ver los dos argumentos al...

Mis lecturas

Elige un texto. Anota en tu cuaderno de escritura el título, el autor y el género del libro. Mientras lees, haz conexiones con ideas que hayas leído en otros textos o con tu experiencia personal. Escribe tus ideas en el cuaderno.

Releer

LECTURA COMPLEMENTARIA

Antología de literatura, páginas 412–413

Energía para todos

1 En muchos países del mundo, los estudiantes solo pueden estudiar de día. Muchos no tienen electricidad. Por este motivo, tienen que hacer la tarea durante el día o usar peligrosas lámparas de aceite o la luz de una vela durante la noche.

2 Pero en Tsumkwe, un pequeño pueblo en Namibia, África, los aldeanos han tenido mucha suerte. Hasta hace poco, obtenían toda la electricidad de un generador que funcionaba con petróleo y solo producía electricidad durante tres horas por día. ✓ El generador tenía muchos problemas y costaba mucho dinero. ✓

Vuelve a leer y haz anotaciones en el texto siguiendo las instrucciones.

En el párrafo 1, **subraya** la evidencia del texto que explica por qué los estudiantes solo pueden estudiar de día. Escríbela aquí:

____

____

____

____

Encierra en un círculo las palabras del párrafo 2 que te ayudan a saber dónde está ubicado Tsumkwe.

COLABORA

Vuelve a leer el párrafo 2. Conversa con un compañero acerca de por qué el generador no resolvía los problemas de los aldeanos. **Haz marcas** al margen para mostrar la evidencia del texto que apoya tu discusión.

Releer

LECTURA COMPLEMENTARIA

¿Cómo te ayuda la selección de palabras del autor a visualizar la vida sin electricidad?

COLABORA

Coméntalo Vuelve a leer el pasaje de la página 73. Conversa con un compañero acerca de cómo era la vida en Tsumkwe, Namibia.

Cita evidencias ¿Qué palabras y frases te ayudan a visualizar cómo sería la vida sin electricidad? Escribe en la tabla la evidencia del texto.

Evidencia del texto	Lo que visualizo

Escribe El autor me ayuda a visualizar cómo sería la vida sin electricidad al

____

____

____

Acuérdate

Cuando vuelvo a leer, puedo visualizar, o crear imágenes en mi mente, mientras presto atención a los detalles interesantes.

Hacer inferencias

Una inferencia es una suposición basada en una evidencia. Usa la evidencia del texto y lo que ya sabes para hacer una inferencia sobre por qué las lámparas de aceite y las velas pueden ser fuentes de luz peligrosas.

Elementos del texto

Los escritores usan elementos impresos y gráficos como notas al margen y mapas para ayudar a los lectores a comprender un tópico. A veces usan estos elementos para explicar su punto de vista.

BUSCAR EVIDENCIAS

En la página 413 de "Energía para todos", en la ***Antología de literatura****, el autor incluye una nota al margen con ideas sobre cómo ahorrar energía. Al invitarnos a probarlas, el autor demuestra que cree que todos podemos ahorrar energía.*

> Estas son maneras de ahorrar energía todos los días. ¡Pruébalas!

COLABORA

Tu turno Vuelve a leer la nota a margen de la página 413.

- ¿Cómo sabes cuál es el consejo para ahorrar energía más importante para el autor? ______________________

  ____

- ¿Cómo sabes qué opina el autor sobre el ahorro de energía?

  ____

  ____

De lectores a escritores

Cuando escribas, considera usar notas al margen, fotografías, leyendas, gráficos, listas, títulos o mapas para ayudar a los lectores a comprender mejor la idea. Si quieres compartir tu opinión, estos elementos te pueden ayudar a convencer a los lectores de que estén de acuerdo contigo.

Davydenko Yuliia/Shutterstock

Integrar

HACER CONEXIONES

Conexiones del texto

¿Cómo los elementos gráficos, como esta pintura y las fotografías e ilustraciones en “El poder del viento” y “Energía para todos” te ayudan a comprender los tipos de energía?

Acuérdate

Comprendo mejor la energía eólica cuando veo cómo funciona.

COLABORA

Coméntalo Mira la pintura y lee la leyenda. Conversa con un compañero sobre cómo se mueve el barco.

Cita evidencias **Encierra en un círculo** las pistas en la pintura que muestran qué hace que el barco se mueva. **Subraya** un detalle que sugiere que la goleta se está moviendo.

Escribe Los elementos gráficos me ayudan a comprender los diferentes tipos de energía porque

____

____

____

____

____

____

Esta pintura al óleo de una goleta estadounidense fue pintada en algún momento del siglo XIX por un artista desconocido.

Precisión y ritmo

Leer con precisión significa pronunciar correctamente cada palabra y no olvidar ninguna palabra u oración. Usa tu conocimiento de los sonidos y de ortografía como ayuda para pronunciar palabras que no conozcas. Leer con precisión y con el ritmo apropiado ayuda a clarificar el significado del texto y ayuda a que los oyentes lo entiendan.

Página 412

Pero en Tsumkwe, un pequeño pueblo en Namibia, África, los aldeanos han tenido mucha suerte. Hasta hace poco, obtenían toda la electricidad de un generador que funcionaba con petróleo y solo producía electricidad durante tres horas por día. El generador tenía muchos problemas y costaba mucho dinero.

No conozco la palabra Tsumkwe. *La leo en silencio y despacio para analizarla antes de leerla en voz alta. Hago esto para mejorar mi precisión.*

Acuérdate

Si tienes problemas para pronunciar una palabra nueva, consulta el diccionario.

tecnoNOTAS

Usa un diccionario online para escuchar la pronunciación de alguna palabra desconocida.

COLABORA

Tu turno Vuelve a la página 413 de la **Antología de literatura.** Túrnate con tu compañero para leer los párrafos en voz alta. Piensa en cómo lo hiciste. Completa estas oraciones.

Recordé que ______________________________

La próxima vez, yo ______________________________

Texto modelo

Antología de literatura, páginas 408–411

Características del ensayo de opinión

Un **ensayo de opinión** es un texto argumentativo. Un ensayo de opinión:

- expone claramente el argumento u opinión del escritor sobre un tópico.
- respalda el argumento con razones convincentes y hechos.
- tiene un comienzo interesante que mantiene el interés del lector.

Analiza el texto modelo Vuelve a leer la sección "Una bocanada de aire fresco" en la página 411 de la **Antología de literatura**. Usa evidencia del texto para responder las preguntas.

¿Cómo te ayuda el autor a comprender uno de los argumentos sobre la energía eólica? ______________________________

____

____

¿Por qué "Una bocanada de aire fresco" es un buen título para esta sección? ______________________________

____

____

gramatiNOTAS

Los autores usan palabras o frases de enlace, como *también*, *en suma* o *de todos modos*. Por ejemplo, el autor dice: "El viento también es gratuito y limpio". La palabra de enlace también ayuda a comprender que hay más razones a favor de la energía eólica.

Planificar: Elige un tema

Lluvia de ideas Con un compañero haz una lluvia de ideas sobre fuentes de energía que serían buenas para ti o para tu comunidad. Usa tus notas sobre "El poder del viento" en la conversación. Usa estos comienzos de oración:

Una buena fuente de energía es...
Esta fuente me ayudaría a...
Lo sé porque leí...

Instrucción de escritura Elige una de las fuentes de energía de tu lista. Escribe un ensayo de opinión al respecto.

Escribiré sobre ______________________________

Propósito y público El propósito de un autor es su razón principal para escribir un texto. El público son las personas que lo leerán.

El propósito de mi ensayo de opinión es ______________________________

____

____

Planifica En tu cuaderno de escritor haz una tabla de problema y solución. Completa tu tabla con dos problemas que resolverá tu fuente de energía.

____

____

Acuérdate

El propósito de tu ensayo de opinión es expresar tu opinión y convencer a otros para que estén de acuerdo contigo. Para hacerlo necesitarás decirles a tus lectores las razones por las cuales tienes razón. Investiga sobre el tópico para hallar hechos que apoyen tu argumento u opinión.

Problema	Solución

Planificar: Organización

Organización Los ensayos de opinión se pueden organizar de diferentes maneras. Una puede ser exponer un problema y hacer un argumento sobre la solución que crees que es necesaria. Luego, presenta hechos que apoyen tu argumento.

Veamos este texto modelo. Lee este fragmento de "La energía solar".

> Estos combustibles se encuentran bajo la superficie de la Tierra y se están acabando. No son reutilizables, una vez agotados, se terminan para siempre. Por eso necesitamos fuentes alternativas para reemplazarlos. Los científicos buscan fuentes de energía nuevas o alternativas que no se agoten. La energía solar es una buena alternativa para reemplazar a los combustibles fósiles.

Subraya el problema. ¿Cómo te ayuda el autor a comprender la solución?

____

____

____

Toma notas Investiga sobre tu fuente de energía. Busca hechos que puedas usar para completar los recuadros de tu tabla de problema y solución.

Acuérdate

Respalda tu argumento con hechos. Investiga tu tópico y usa información relevante de diferentes fuentes. Recuerda que debes parafrasear, o escribir usando tus propias palabras.

Hacer un borrador

Hecho y opinión Un ensayo de opinión efectivo da una lista de razones que respaldan la opinión del escritor. Las razones más efectivas suelen ser hechos. Los hechos son declaraciones que se han comprobado como verdaderas. Las opiniones son declaraciones basadas en sentimientos.

Lee las siguientes oraciones. Luego, escribe en la línea si se trata de un hecho o de una opinión.

- Deberíamos depender menos de los combustibles fósiles.

____

- La energía eólica es más barata que el combustible tradicional.

____

- La energía solar es una buena alternativa para los combustibles fósiles.

____

Haz un borrador Usa tu tabla de problema y solución para escribir el borrador en tu cuaderno de escritor. Comienza con tu opinión. Luego usa hechos convincentes para respaldarla.

Acuérdate

Cuando investigues hechos para respaldar tus opiniones, elige fuentes confiables como enciclopedias, libros, sitios web de organizaciones confiables. Usa múltiples fuentes para asegurarte de que coincidan y de que cada hecho que mencionaste haya sido probado.

Imagemore/Glow Images

Revisar

Comienzo interesante Un comienzo interesante sirve para presentar tu idea. Una manera de hacerlo es con el uso de preguntas o datos fascinantes que capturen la atención del lector. Un comienzo interesante presenta una idea de manera que los lectores deseen seguir leyendo.

COLABORA

Vuelve a leer el párrafo introductorio de "Energía para todos". Luego usa evidencia del texto para responder la pregunta.

> En muchos países del mundo, los estudiantes solo pueden estudiar de día. Muchos no tienen electricidad. Por este motivo, tienen que hacer la tarea durante el día o usar peligrosas lámparas de aceite o la luz de una vela durante la noche.

¿Cómo logra el autor que desees continuar leyendo?

____

____

Revisión Usa un comienzo interesante. Considera agregar, borrar o combinar detalles para mejorar la estructura de la oración.

Acuérdate

Cuando revises tu borrador, puedes agregar palabras de enlace para conectar tus ideas De un modo claro. Usa palabras y frases como *por lo tanto, luego, como resultado* y *finalmente.*

Charlas entre compañeros

COLABORA

Revisar el borrador Escucha con atención mientras tu compañero lee su trabajo en voz alta. Comenta lo que te gustó. Usa estas oraciones como guía para la charla:

Creo que tu comienzo es...

Agrega otro hecho aquí para...

Me convenciste / No me convenciste porque...

Tengo una pregunta acerca de...

Sugerencias de compañeros Cuando tu compañero haya comentado tu borrador, escribe una de las sugerencias que aplicarás.

____

____

____

Revisión Al revisar tu borrador, consulta las sugerencias de Comprobar la presentación para determinar qué partes del texto debes mejorar. Consulta las pautas de evaluación en la página 85.

Comprobar la revisión

- ☐ ¿Está clara mi opinión en el ensayo?
- ☐ ¿Tiene el ensayo un comienzo interesante?
- ☐ ¿Utilicé hechos para respaldar mi opinión?
- ☐ ¿Mis ideas están organizadas para que sean fáciles de entender?

Corregir

Al corregir tu texto ensayo de opinión, busca errores de ortografía, de puntuación, de uso de mayúsculas y de otros aspectos gramaticales. Si lees un borrador varias veces, estarás seguro de no pasar por alto ningún error. Fíjate en las sugerencias de Comprobar la corrección.

Comprobar la corrección

- ☐ ¿Comienzan todas las oraciones con mayúscula y tienen los signos de puntuación adecuados?
- ☐ ¿Hay oraciones completas?
- ☐ ¿Hay palabras para conectar las ideas?
- ☐ ¿Están todas las palabras escritas correctamente?

Escribe dos errores que hayas encontrado al revisar tu ensayo.

1. ____

____

____

2. ____

____

____

tecnoNOTAS

Si escribiste tu borrador en la computadora, imprímelo. Es más fácil determinar si hay errores de esa manera que leyendo la narración en la pantalla.

Enlace gramatical

Al revisar tu narración, recuerda que siempre debes utilizar mayúscula al comienzo de una oración. Los nombres propios y los días feriados se escriben con letra mayúscula.

Publicar, presentar y evaluar

Publicación Al publicar tu texto, muestra una copia limpia, clara y sin errores. Mientras escribes, asegúrate de que tu letra sea legible. Sostén el lápiz entre el dedo pulgar y el índice.

Presentación Cuando estés listo para presentar tu trabajo, ensaya tu presentación. Como guía, lee las pautas de Comprobar la presentación.

Evaluación Después de publicar tu ensayo, lee las pautas de evaluación que se muestran abajo para evaluar tu texto.

Comprobar la presentación

- ☐ Mira al público.
- ☐ Presenta tu opinión con claridad.
- ☐ Presenta los hechos de manera convincente.
- ☐ Considera las preguntas antes de responderlas.

¿Qué cosas hiciste bien? ______________________________

____

¿Qué partes requieren más trabajo? ______________________

____

4	3	2	1
• la opinión está presentada de manera clara e interesante • incluye muchos hechos que respaldan la opinión • las ideas están muy bien conectadas y sin errores de ortografía	• la opinión está presentada de manera clara • incluye varios hechos que respaldan la opinión • las ideas están conectadas y sin errores de ortografía	• la opinión presentada es poco clara • tiene pocos hechos para respaldar la opinión • algunas ideas están conectadas, puede haber errores de ortografía	• la opinión no está presentada • incluye al menos un hecho • las ideas no están conectadas y hay muchos errores de ortografía

Repaso en espiral

En la Unidad 5 has estudiado destrezas y estrategias que te permitirán convertirte en un lector más crítico. Ahora es momento de poner en práctica lo que aprendiste.

- **Hacer y responder preguntas**
- **Punto de vista del autor**
- **Punto de vista**
- **Línea cronológica**
- **Raíces de palabras**
- **Homófonos**
- **Resumir**
- **Causa y efecto**

Conectar con el contenido

- **Escribir una entrada en un *blog***
- **Hacer una lista**
- **Artículo en línea**

Lee la selección y elige la respuesta correcta a cada pregunta.

RUBY BRIDGES: *Símbolo del cambio*

1 Ruby Bridges tenía seis años cuando su madre le dijo que asistiría a una nueva escuela y que debía comportarse bien. Ruby no era cualquier estudiante de primer grado. Ella iba a pasar a la historia.

2 Ruby Bridges nació el 8 de septiembre de 1954, en Tylertown, en Misisipi. Tenía 4 años cuando se mudó con su familia a Nueva Orleans, en Luisiana.

3 En 1954, ocurrió otro suceso extraordinario. Había muchas escuelas a las que no podían asistir los afroamericanos. El 17 de mayo de 1954, la Corte Suprema de Estados Unidos declaró ilegal la segregación. Los jueces creían que las escuelas debían ser integradoras. En Luisiana se opusieron al cambio.

4 Ruby comenzó el kindergarten en 1959 en una escuela afroamericana. En 1960, la Corte ordenó que Luisiana cumpliera la ley e integrara a los estudiantes. Ruby tuvo que realizar una evaluación que determinaba qué afroamericanos podían estudiar en esas escuelas. Ella aprobó la evaluación.

ESTUDIOS SOCIALES

1950 | 1960 | 1970 | 1980 | 1990 | 2000

1954
Nace Ruby Bridges.

1959
Ruby comienza el kindergarten.

1960
Primer día de Ruby en la escuela primaria William Frantz.

1984
Ruby se casa con Malcolm Hall.

mediados de la década de 1990
Ruby se reencuentra con la señorita Henry.

1999
Ruby funda Ruby Bridges Foundation.

2001
Recibe la Medalla Presidencial para Ciudadanos.

5 El 14 de noviembre de 1960, fue el primer día de clase de Ruby. La niña ingresó con la frente alta a la escuela primaria William Frantz. Cuatro comisarios la protegían de manifestantes furiosos que le decían cosas horribles.

6 Pasó su primer día en la oficina del director a causa del alboroto. Muchos padres retiraron a sus hijos de la escuela. Durante todo un año, Ruby asistió a clases sola. La señorita Henry era la única maestra dispuesta a enseñarle.

7 La situación cambió el segundo año. Poco a poco los estudiantes regresaron a la escuela. Con el tiempo, se incorporaron más afroamericanos. Ruby se graduó años más tarde en una escuela sin segregación. Se recibió de agente de turismo. En 1984 se casó con Malcolm Hall y tuvieron cuatro hijos.

8 A mediados de la década de 1990, Ruby se reunió con la señorita Henry. En 1999 fundó *Ruby Bridges Foundation* para promover la tolerancia y acabar con el racismo. En 2001, el presidente Bill Clinton le otorgó la Medalla Presidencial para Ciudadanos.

9 Ruby Bridges era una niña pequeña que quería ir a la escuela, pero se convirtió en una heroína de los derechos civiles.

LO QUE APRENDISTE

1. ¿Por qué se escogió a Ruby para estudiar en una escuela donde antes no aceptaban afroamericanos?
   - **A** Ella estaba en primer grado.
   - **B** Ella aprobó una evaluación.
   - **C** Sus padres querían que ella estudiara allí.
   - **D** La Corte Suprema decidió que fuera a esa escuela.

2. ¿Qué oración expresa lo que el autor piensa sobre Ruby?
   - **F** Los afroamericanos no podían asistir a muchas escuelas.
   - **G** El primer día de clase de Ruby fue en noviembre de 1960.
   - **H** Luego, Ruby se graduó en una escuela sin segregación.
   - **J** Ruby se convirtió en una heroína de los derechos civiles.

3. ¿Qué sucesos ocurrieron con dos años de diferencia?
   - **A** Ruby comenzó kindergarten/Ruby comenzó primaria.
   - **B** Ruby se casó con Hall/Ruby se reencuentra con Henry.
   - **C** Ruby se reencuentra con Henry/Ruby creó una fundación.
   - **D** Ruby creó una fundación/Recibió la Medalla Presidencial.

4. Según su raíz, *legal* significa "que está de acuerdo con la ley". El significado de *ilegal* es...
   - **F** "que enseña la ley".
   - **G** "que está contra de la ley".
   - **H** "que mejora la ley".
   - **J** "que estudia la ley".

Acuérdate

Para descubrir el punto de vista del autor, busca palabras que expresen sus sentimientos.

Lee la selección y elige la respuesta correcta a cada pregunta.

El negocio de Ceci

1 Había una vez, en una madriguera, una coneja llamada Ceci. Un día muy caluroso, salió a dar un paseo. Mientras caminaba por el huerto, tomó una zanahoria y pensó: "A todos les gustan las zanahorias, son muy sabrosas y saludables". Entonces, se le ocurrió una idea: "Puedo hacer jugos de zanahoria y venderlos".

2 Ceci se dio cuenta de que montar un negocio sola sería muy difícil. Por eso, decidió pedir ayuda a sus amigos Mara Marmota, Ariel Ardilla y Carlos Castorcito.

3 Esa tarde, reunió a sus amigos y les preguntó si querían trabajar juntos como equipo. Ellos contestaron "¡Sí, queremos!". Habría que dividir las tareas. Ariel Ardilla plantaría las semillas. Carlos Castorcito, recogería las zanahorias. Mara Marmota ayudaría a Ceci a hacer los jugos.

4 Unas semanas después, Ceci se reunió con sus amigos. Ceci dijo:

5 —¡Hola Ariel! ¿Pudiste sembrar las semillas?

6 —No pude, estaba muy cansado —contestó.

7 Ceci se dio cuenta de que el plan para el negocio no funcionaría. Ariel Ardilla no plantó las semillas, entonces las zanahorias no crecieron y no tenía con qué hacer los jugos.

LO QUE APRENDISTE

8 Ceci estaba muy triste porque tendría que empezar todo de nuevo. Sin embargo, al día siguiente, se despertó y comenzó a trabajar. Fue al huerto y plantó las semillas. Unas semanas después, recogió las zanahorias. Luego hizo los jugos y preparó el puesto, el sitio donde vendería su producto.

9 Los clientes llegaron mientras Ceci abría el puesto. Hicieron una fila para comprar los deliciosos jugos. Cuando se vendió el último, Ariel Ardilla, Mara Marmota y Carlos Castorcito se acercaron y dijeron:

10 —Ceci, ¡ganaste mucho dinero! Ahora sí queremos formar parte de tu negocio.

11 Ceci terminó de contar los billetes que había ganado y contestó contenta:

12 —El negocio es mío y las ganancias también. Pero si quieren tener una recompensa, deben trabajar duro todos los días y no ser perezosos.

1 ¿Qué suceso ocurrió primero en el cuento?

A Ariel Ardilla no plantó las semillas de las zanahorias.

B Ceci pidió ayuda a sus amigos para montar el negocio de jugo de zanahoria.

C Ceci preparó el sitio donde vendería su producto.

D Los amigos de Ceci, al ver su ganancia, quisieron formar parte del negocio.

2 ¿Cómo se siente Ceci al final del cuento?

F contenta

G desconfiada

H angustiada

J preocupada

3 ¿Qué ejemplo de homófonos hay en el cuento?

A habría/abría

B plantaría/recogería

C tu/su

D triste/contenta

4 ¿Cuál es la causa por la que Ceci dice que se quedará con toda la ganancia de la venta del jugo?

F Los clientes llegaron rápidamente e hicieron fila.

G La venta de jugo de zanahorias fue su idea.

H Ceci hizo todo el trabajo para su negocio de jugos.

J Ceci vendió muchos jugos de zanahoria.

Acuérdate

Recuerda que una causa es por qué ocurre algo. Un efecto es lo que ocurre como resultado de la causa.

AMPLÍA LO QUE APRENDISTE

COMPARAR GÉNEROS

COLABORA

- Vuelve a leer la biografía "Irma Rangel, legisladora de Texas" en las páginas 2 a 5 de este libro y el texto argumentativo "El poder del viento", en las páginas 408 a 411 de la **Antología de literatura**.
- Completa el diagrama de Venn para mostrar en qué se parecen y en qué se diferencian los dos géneros.

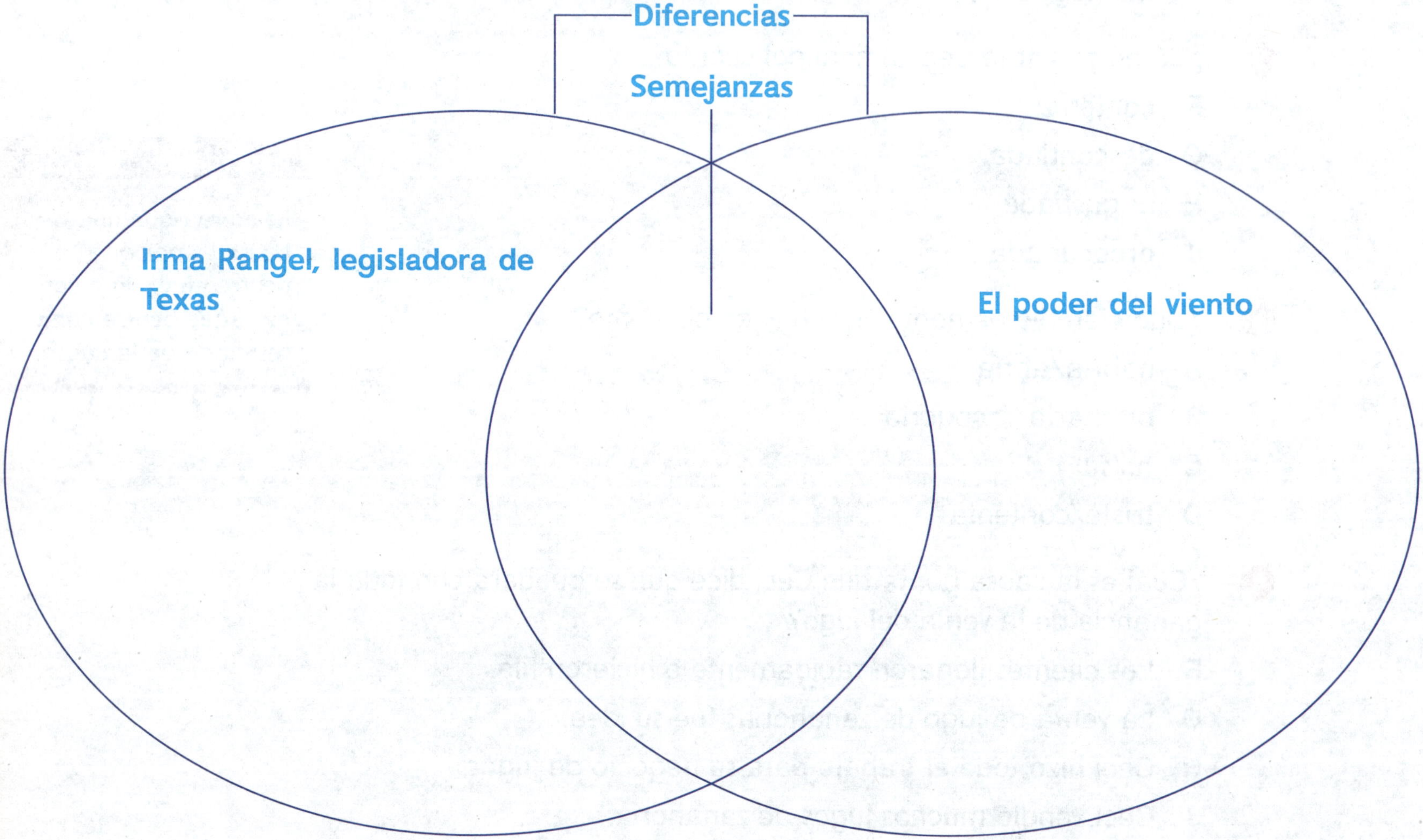

HOMÓFONOS Y HOMÓGRAFOS

COLABORA

Los **homófonos** son palabras que se pronuncian igual, pero tienen diferente significado y se escriben distinto. Las palabras *ciento* y *siento* son homófonos. Usa las claves de contexto para deducir el significado de un homófono.

Encierra en un círculo los homófonos en las siguientes oraciones.

- El plomero tuvo que cortar el tubo al reparar la fuga del agua.
- Haremos una hermosa huerta luego de que aremos el terreno.

Los **homógrafos** son palabras que se escriben igual, pero tienen diferente significado. Puedes usar un diccionario para averiguar el significado de los homógrafos.

Subraya los homógrafos en las siguientes oraciones. Luego, escribe el significado de cada homógrafo.

- La cerca de madera está cerca de la acera.

____

____

- Me río cuando recuerdo aquel paseo por el río.

____

____

AMPLÍA LO QUE APRENDISTE

ESCRIBIR UNA PUBLICACIÓN EN UN *BLOG*

COLABORA

El propósito de una publicación en un *blog* es compartir información en línea. Debe brindar información y puede incluir opiniones.

- Escribe una lista de equipos socorristas, como los bomberos. Escribe tantos como puedas. Escoje uno.
- Escribe preguntas para ese equipo. Usa tus preguntas para investigar acerca de los equipos socorristas de tu ciudad.
- Escribe una publicación en un *blog* para mostrar a los demás lo que has aprendido.

Decidí investigar sobre ______________________________

Quiero preguntar ______________________________

HACER UNA LISTA

COLABORA

Hacer una lista puede ayudarte a ver con facilidad toda la información que deberías conocer sobre un tópico.

- Elige una tipo de fuente de energía e investígala.
- Haz una lista de los efectos positivos y negativos de usar esta fuente de energía. Incluye solo información, no opiniones.

Investigaré sobre ______________________________

Un efecto positivo de usar ____________ es ______________

ENFRENTAR LOS DESAFÍOS

ESTUDIOS SOCIALES

Entra a **my.mheducation.com** y vuelve a leer el artículo en línea "Enfrentar los desafíos", incluyendo la información que hay en los elementos interactivos. Responde las siguientes preguntas:

- Vuelve a leer la sección "Un terremoto azota Japón". ¿Qué es un tsunami?

  ____

  ____

- En la sección "En fila para ayudar", ¿qué opina Kanazawa sobre el voluntariado para ayudar a los demás?

  ____

  ____

- Mira el mapa. Escribe el nombre de tres ciudades cercanas al epicentro del terremoto.

  ____

  ____

- ¿Por qué "Enfrentar los desafíos" es un buen título para este texto?

  ____

  ____

Enfrentar los desafíos

Después de un desastre natural, los jóvenes trabajaron juntos para salvar Japón.

Time for Kids: "Enfrentar los desafíos"

EVALÚA TU PROGRESO

¿QUÉ APRENDÍ?

Lee las pautas de evaluación para calificar tu dominio de las destrezas de esta unidad. Escribe la puntuación más abajo, en cada destreza.

4	3	2	1
Identifico correctamente todos los ejemplos de esta destreza.	Identifico la mayoría de los ejemplos de esta destreza.	Identifico algunos ejemplos de esta destreza.	Debo trabajar más en esta destreza.

☐ Punto de vista del autor ☐ Punto de vista ☐ Causa y efecto

☐ Prefijos y sufijos ☐ Raíces de palabras ☐ Homófonos

Algo en lo que debo trabajar más es en ____________________

porque ____

____

____

El texto y tú Piensa en los textos que has leído en esta unidad. Elige uno y escribe un párrafo breve en el que expliques una conexión personal que hayas establecido con el texto.

Hice una conexión personal con ______________ porque _____

____

____

Presentar el trabajo

COLABORA

Decide cómo presentarás tu tabla comparativa de fuentes de energía a la clase. Usa la lista de Comprobar la presentación mientras practicas. Comenta los comienzos de oración y escribe las respuestas.

	¿Es renovable?	¿Es contaminante?
Gas natural	No	Sí
Energía hidráulica	Sí	No

Algo interesante que aprendí sobre estas fuentes de energía es

____

____

Me gustaría aprender más sobre ____________________

____

Antes de la presentación, pensaré en cómo explicar

____

____

Creo que mi presentación fue ______________________

____

Acuérdate

Usa un lápiz largo o un popote para señalar diferentes partes de tu tabla durante la presentación. Evita colocarte delante de la tabla cuando la expliques.

Comprobar la presentación

- ☐ Practicaré la presentación de mi tabla.
- ☐ Nombraré con claridad las dos fuentes de energía que compararé.
- ☐ Explicaré los datos de cada fuente de energía.
- ☐ Luego señalaré cómo se comparan las dos fuentes de energía.

Coméntalo

¿? Pregunta esencial

¿Por qué son importantes las metas?

Kayla tenía una meta. Quería ganar la carrera en las Olimpíadas especiales. Su meta era importante para ella y, por eso, se esforzó mucho. Ahora, Kayla se siente muy orgullosa de sí misma. Las metas son importantes. Nos ayudan a enfocarnos y aprender cosas nuevas. Alcanzar las metas nos hace sentir bien con nosotros mismos.

Mira la fotografía. Habla de por qué las metas son importantes. Escribe tus ideas en la red de palabras.

Alcanzar metas

Lee en **my.mheducation.com** el *blast* "Misión: Juno". Piensa en por qué la exploración espacial es importante. Respóndelo y envíalo.

LECTURA COMPARTIDA

TOMA NOTAS

Hacer preguntas antes de leer te ayuda a descubrir el propósito de la lectura. También te ayuda a obtener más información. Escribe tus preguntas aquí.

Mientras lees, toma nota de:

Palabras interesantes:

Detalles clave:

HACIA EL ESPACIO

(bkgd)JPL/USGS/NASA; Time Life Pictures/NASA/The LIFE Picture Collection/Getty Images

Pregunta esencial

¿Por qué son importantes las metas?

Lee cómo un hombre usó su educación y experiencia para alcanzar sus metas.

Cuando era niño, a James A. Lovell Jr. le encantaba construir cohetes y lanzarlos hacia el cielo. Pero sus sueños iban mucho más allá. Al igual que tantos otros niños que crecieron en los años 30, Lovell soñaba con ser piloto. Cuando observaba sus cohetes elevarse, sabía que algún día, si trabajaba con **entereza**, él también lograría emprender el vuelo.

SUEÑOS DE ALTO VUELO

Lovell nació en Cleveland, Ohio, en 1928. Era un hombre muy **culto**. Estudiaba mucho y quería asistir a una universidad especial para estudiar **astronomía** y aprender sobre cohetes. Como no tenía suficiente dinero, debía buscar otra forma de alcanzar su **meta**.

Lovell estaba **motivado** para hallar la forma de volar en cohetes. Durante dos años asistió a una universidad cerca de su casa. Luego se inscribió en la Academia Naval de Estados Unidos para recibir entrenamiento en vuelos. Después de cuatro años, se unió a la Armada de Estados Unidos como piloto naval de pruebas. Su tarea era volar los aviones antes que cualquier otra persona.

James A. Lovell, Jr. se convirtió en astronauta en 1962. Voló en cuatro misiones espaciales.

NASA

BUSCAR EVIDENCIAS

Leer

Párrafos 1-2

Palabras clave

Halla la palabra clave y escríbela.

____

Subraya detalles que muestren la importancia de la palabra clave.

Párrafo 3

Volver a leer

¿Qué hizo James luego de unirse a la armada?

____

____

Encierra en un círculo la evidencia en el texto.

Releer

Técnica del autor

¿Cómo te ayuda el autor a comprender lo motivado que estaba James Lovell para convertirse en astronauta?

LECTURA COMPARTIDA

BUSCAR EVIDENCIAS

Leer

Párrafo 1

Raíces griegas y latinas

Encierra en un círculo la palabra *astronauta*. ¿Qué hace un astronauta?

____

Párrafos 2-4

Problema y solución

¿Qué problema tuvo la tripulación del Apolo 13?

____

____

Subraya lo primero que hizo Lovell para resolver el problema.

Fotografías

Encierra en un recuadro cómo ayuda el equipo de la NASA.

Releer

Técnica del autor

¿Por qué "Grandes desafíos" es un buen título para esta sección?

DE PILOTO A ASTRONAUTA

Lovell pasó más de la mitad de sus horas de vuelo en aviones a reacción. Les enseñó a otros pilotos a volar. También trabajó como especialista en seguridad de vuelo. Al poco tiempo, la NASA buscaba astronautas. Lovell se postuló para el empleo porque contaba con el **aplomo** necesario y las habilidades para volar al espacio. La NASA lo seleccionó. En 1962, James Lovell había alcanzado su meta de convertirse en astronauta.

GRANDES DESAFÍOS

Lovell voló en tres misiones espaciales, y luego, en abril de 1970, se convirtió en comandante de la misión Apolo 13. Fue uno de los mayores desafíos en la vida de Lovell.

El Apolo 13 debía aterrizar en la Luna. Sin embargo, después de dos días de haber despegado, la nave tuvo un problema grave. Uno de los tanques de oxígeno explotó. La tripulación no tenía suficiente energía ni aire para respirar. No podían llegar a la Luna.

Lovell se comunicó con los expertos de la NASA. Al principio, nadie sabía qué hacer. Luego, el equipo en la base llevó a cabo una investigación y una serie de **tertulias** para encontrar una solución. Los astronautas siguieron las indicaciones y construyeron un invento **laborioso** en la nave. Utilizaron bolsas de plástico, cartón y cinta adhesiva. ¡El esfuerzo dio resultados y lograron que el aire en la nave se limpiara! Sin embargo, el otro problema era aún mayor. ¿De qué manera volverían a la Tierra?

El equipo de la NASA trabaja para resolver el problema del Apolo 13.

UN TRABAJO BIEN HECHO

El equipo de la NASA decidió que los astronautas usaran el módulo lunar como bote salvavidas. James y los otros dos astronautas subieron a la nave más pequeña y cerraron firmemente la escotilla. Desde la ventana **distinguían** cómo se alejaban de la nave principal. Con poca energía, agua, alimento y calefacción, escucharon al equipo de la NASA.

El viaje de regreso fue peligroso y aterrador. Durante casi cuatro días, viajaron en una cápsula estrecha. Tenían frío, sed y hambre. Con millones de personas mirando por televisión, el módulo cayó a la Tierra.

La tripulación del Apolo 13 aterrizó a salvo el 17 de abril de 1970.

Años después, James Lovell dijo que Apolo 13 le enseñó la importancia de trabajar en equipo. Su recuerdo favorito fue cuando la cápsula aterrizó en el Pacífico y supo que estaban a salvo.

UN SUEÑO HECHO REALIDAD

¿HAS SOÑADO CON IR AL ESPACIO? ¡MIRA EL CAMPAMENTO ESPACIAL!

Los campamentos espaciales existen desde hace más de 30 años. Hacen que las ciencias, las matemáticas y la tecnología sean divertidas, de modo que los niños deseen aprender más. Como programas de entrenamiento de la NASA, estos campamentos enseñan la importancia del trabajo en equipo y del liderazgo.

Resumir

Usa tus notas y piensa en los problemas y soluciones en "Hacia el espacio". Resume los sucesos más importantes de la vida de James Lovell.

BIOGRAFÍA

BUSCAR EVIDENCIAS

Leer

Párrafos 1-2

Volver a leer

¿Por qué el viaje de regreso a la Tierra fue tan difícil?

____

____

____

Encierra en un círculo la evidencia.

Párrafos 1-3

Problema y solución

Subraya los pasos que tuvieron que seguir los astronautas para solucionar el problema y regresar a la Tierra.

Releer

Técnica del autor

¿De qué modo el autor te ayuda a comprender cómo se sintió James Lovell con la misión de Apolo 13?

Vocabulario

A partir de las oraciones que se dan como ejemplo, comenta cada palabra con un compañero. Luego, responde las preguntas.

aplomo

La profesora mostró un gran **aplomo** frente a la clase.

¿En qué situaciones se necesita actuar con aplomo?

culto

Para ser **culto** hay que leer mucho.

¿Qué otras cosas puedes hacer para ser una persona culta?

distinguir

En la oscuridad es difícil **distinguir** los colores.

¿Puedes distinguir una moneda verdadera de una falsa?

entereza

Los bomberos actúan con **entereza** en los incendios.

¿Cuándo debes actuar con entereza?

laborioso

Lavar y doblar la ropa es una tarea **laboriosa**.

¿En qué actividad has trabajado de manera laboriosa?

Tu lista de palabras Vuelve a leer el primer párrafo de la página 101. Encierra en un recuadro la palabra *elevarse*. En tu cuaderno de escritura, haz una lista de sinónimos y antónimos de *elevarse*. Usa un diccionario de sinónimos y antónimos para ayudarte.

meta

Nick alcanzó su **meta** y aprendió a nadar.

¿Cuáles son tus metas?

____

____

motivar

Juan está **motivado** para tocar la guitarra, por eso practica todos los días.

Nombra cosas que te hayan motivado.

____

____

tertulia

Hubo una **tertulia** de escritores el sábado por la noche.

¿Qué palabra es un sinónimo de tertulia?

____

____

Raíces griegas y latinas

Muchas palabras contienen raíces griegas o latinas. La raíz griega *astro* significa "estrella", y la raíz latina *nauta* significa "navegante". La raíz latina *labor* significa "trabajo".

BUSCAR EVIDENCIAS

En la página 101, veo la palabra astronomía. *Recuerdo que* astro *proviene de una raíz griega que significa "estrella". Pienso que* astronomía *debe estar relacionado con las estrellas. Puede significar "el estudio de las estrellas".*

Estudiaba mucho y quería asistir a una universidad especial para estudiar astronomía y aprender sobre cohetes.

Tu turno Usa la raíz griega o latina para descubrir el significado de la palabra.

astronauta, página 102 ____________________

____

NASA

Releer | LECTURA COMPARTIDA

Volver a leer

Detente y piensa en el texto mientras lees. ¿Hay nuevos datos e ideas? ¿Tienen sentido? Vuelve a leer el texto para asegurarte de que hayas comprendido.

Acuérdate

Volver a leer te ayuda a entender mejor el texto. Si lees algo y no comprendes, haz una pausa y vuelve a leerlo. Busca detalles que te ayuden a entender las ideas más importantes.

BUSCAR EVIDENCIAS

Vuelve a leer "Sueños de alto vuelo" en la página 101. ¿Comprendes todo lo que hizo James A. Lovell, Jr. para convertirse en piloto?

Página 101

SUEÑOS DE ALTO VUELO

Lovell nació en Cleveland, Ohio, en 1928. Era un hombre muy **culto**. Estudiaba mucho y quería asistir a una universidad especial para estudiar **astronomía** y aprender sobre cohetes. Como no tenía suficiente dinero, debía buscar otra forma de alcanzar su **meta**.

Lovell estaba **motivado** para hallar la forma de volar en cohetes. Durante dos años asistió a una universidad cerca de su casa. Luego se inscribió en la Academia Naval de Estados Unidos para recibir entrenamiento en vuelos. Después de cuatro años, se unió a la Armada de Estados Unidos como piloto

Leo que James Lovell fue a la universidad y luego a la Academia Naval de Estados Unidos. Se inscribió para un entrenamiento de vuelo y se convirtió en piloto naval de pruebas. James Lovell se convirtió en piloto estudiando mucho en la escuela. Nunca se rindió.

COLABORA

Tu turno Vuelve a leer las páginas 102 y 103. ¿Cómo ayudó James Lovell a traer la nave espacial Apolo 13 de regreso a casa? Escribe tu respuesta a continuación.

____

____

Palabras clave y fotografías

"Hacia el espacio" es una **biografía** porque:

- cuenta la historia de la vida de una persona real.
- está escrita por otra persona.
- incluye elementos como palabras clave, fotografías y leyendas.

BUSCAR EVIDENCIAS

Puedo darme cuenta de que "Hacia el espacio" es una biografía. Es la historia de la vida de James Lovell. Tiene fotografías con leyendas y palabras clave que son importantes para la biografía.

Página 102

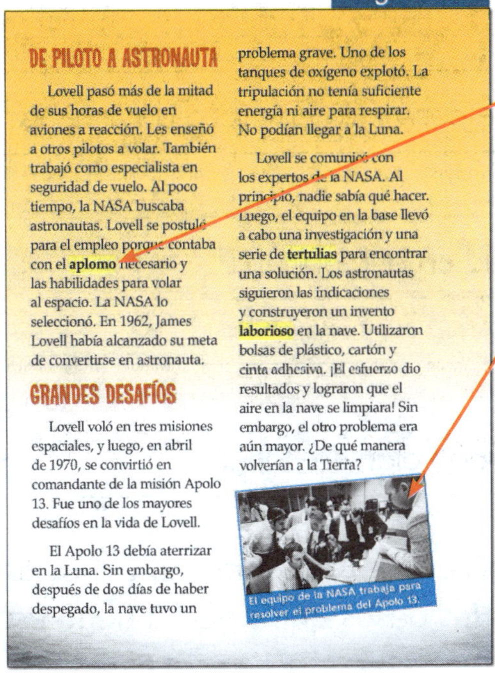

DE PILOTO A ASTRONAUTA

Lovell pasó más de la mitad de sus horas de vuelo en aviones a reacción. Les enseñó a otros pilotos a volar. También trabajó como especialista en seguridad de vuelo. Al poco tiempo, la NASA buscaba astronautas. Lovell se postuló para el empleo porque contaba con el **aplomo** necesario y las habilidades para volar al espacio. La NASA lo seleccionó. En 1962, James Lovell había alcanzado su meta de convertirse en astronauta.

GRANDES DESAFÍOS

Lovell voló en tres misiones espaciales, y luego, en abril de 1970, se convirtió en comandante de la misión Apolo 13. Fue uno de los mayores desafíos en la vida de Lovell.

El Apolo 13 debía aterrizar en la Luna. Sin embargo, después de dos días de haber despegado, la nave tuvo un problema grave. Uno de los tanques de oxígeno explotó. La tripulación no tenía suficiente energía ni aire para respirar. No podían llegar a la Luna.

Lovell se comunicó con los expertos de la NASA. Al principio, nadie sabía qué hacer. Luego, el equipo en la base llevó a cabo una investigación y una serie de **tertulias** para encontrar una solución. Los astronautas siguieron las indicaciones y construyeron un invento **laborioso** en la nave. Utilizaron bolsas de plástico, cartón y cinta adhesiva. ¡El esfuerzo dio resultados y lograron que el aire en la nave se limpiara! Sin embargo, el otro problema era aún mayor. ¿De qué manera volverían a la Tierra?

El equipo de la NASA trabaja para resolver el problema del Apolo 13.

Palabra clave
Las palabras clave son palabras importantes. Están en negrilla.

Fotografía
Las fotografías y leyendas muestran más detalles sobre los sucesos en la vida de la persona.

De lectores a escritores

Mira la fotografía y lee la leyenda de la página 102. ¿Qué te dicen acerca de los sucesos importantes en la vida de James Lovell?

Cuando escribes una biografía, piensa cómo puedes usar fotografías y leyendas para dar más información acerca de los sucesos importantes en la vida de una persona.

COLABORA

Tu turno Busca otra palabra clave. ¿Por qué esta palabra es tan importante en la biografía de James Lovell? Escribe tu respuesta.

____

____

Releer **LECTURA COMPARTIDA**

Problema y solución

Algunos textos informativos tienen un patrón de organización de problema y solución. El texto describe un problema, indica los pasos a seguir para solucionar el problema y luego da la solución.

Acuérdate

Las palabras o frases clave, como *problema, solución, resolver* y *como resultado* indican que hay un problema y los pasos para resolverlo.

BUSCAR EVIDENCIAS

James Lovell quería volar cohetes, pero no tenía suficiente dinero para ir a una universidad especial. Ese era su problema. ¿Qué pasos siguió para resolver el problema? ¿Cuál fue la solución?

Problema

James no tenía suficiente dinero para ir a una universidad especial.

↓

Él fue a una universidad cerca de su casa y se convirtió en piloto de pruebas.

↓

Se unió a la NASA y se convirtió en astronauta.

↓

Solución

Como astronauta, James Lovell pudo volar en cohetes.

COLABORA

Tu turno Vuelve a leer “Sueños de alto vuelo” en la página 102. ¿Cuál fue uno de los problemas de Lovell en Apolo 13? Escribe en tu organizador gráfico los pasos que siguió. Luego escribe la solución.

Problema

Solución

Responder a la lectura

COLABORA

Responde por escrito la siguiente pregunta. Piensa en cómo el autor organizó el texto. Consulta tus notas y el organizador gráfico.

¿De qué modo el autor te ayuda a comprender cómo James Lovell alcanzó sus metas?

Acuérdate

Usa estos comienzos de oración para hablar acerca de James Lovell.

Leí que James Lovell...

El autor usa palabras clave para...

Esto me ayuda a entender cómo...

Enlace gramatical

Mientras escribes la respuesta, asegúrate de que no tengas oraciones incompletas. Cada oración debe expresar un pensamiento completo.

Integrar | BÚSQUEDA E INVESTIGACIÓN

ESTUDIOS SOCIALES

Comprender la información

Es importante que puedas demostrar que comprendes la información que reuniste. Una **línea cronológica** muestra el orden en el que ocurrieron los sucesos importantes. Usar una **línea cronológica** es una manera de mostrar que comprendes la información.
Mira la línea cronológica. ¿Qué sucedió en 1928?

____

¿Cuándo fue James Lovell comandante de la misión espacial Apolo 13?

____

Acuérdate

Las líneas cronológicas muestran en orden sucesos importantes. Elige los sucesos más importantes en la vida de alguien para mostrar lo que hizo para alcanzar una meta. Deja espacio entre los sucesos para facilitar la lectura de la línea cronológica.

James A. Lovell alcanza sus metas

1928	1952	1962	1970	1973
Nació en Cleveland, Ohio.	Finalizó su entrenamiento en la Academia Naval de Estados Unidos.	Se convirtió en astronauta.	Fue comandante de la misión espacial Apolo 13.	Se retiró del programa espacial.

COLABORA

Haz una línea cronológica Con un compañero, reúne información sobre alguien que se haya esforzado para alcanzar una meta. Usa estos pasos y el modelo de la línea cronológica de arriba:

1. Identifica 4 o 5 sucesos importantes.
2. Ordena los sucesos en el orden que ocurrieron.
3. Agrega ilustraciones a tu línea cronológica.

Releer | TEXTO PRINCIPAL

Ellen Ochoa, una mujer admirable

Antología de literatura, páginas 450-459

¿Cómo utiliza la autora los elementos del texto para ayudarte a entender la biografía de Ellen Ochoa?

COLABORA

Coméntalo Mira los elementos de texto en las páginas 450 a 459. Habla con un compañero sobre lo que aprendiste acerca de Ellen Ochoa.

Cita evidencias ¿Qué te ayudan a comprender los elementos del texto? Escribe la evidencia en la tabla.

Elemento del texto	Qué me dice sobre Ellen Ochoa
cita	
leyenda	
fotografía	

Escribe La autora usa elementos del texto para ayudarme a entender

____

____

____

____

Hacer inferencias

Hacer una inferencia es usar la evidencia del texto y lo que sabes para hacer una suposición sobre algo que no se indica en la selección. Haz una inferencia. Vuelve a leer el segundo párrafo de la página 452. Nombra a dos personas a quienes Ellen Ochoa admira.

¿Cómo usa la autora las fotografías y las leyendas para ayudarte a entender que las metas son importantes?

COLABORA

Coméntalo Vuelve a leer el segundo párrafo de la página 452. Habla con un compañero sobre el sueño de Ellen.

Cita evidencias ¿Qué claves en las fotografías y las leyendas muestran cómo Ellen alcanzó sus metas? Escribe evidencias del texto.

Clave	Clave	Clave

Cómo ayuda

Escribe La autora usa fotografías y leyendas para mostrar que las metas son importantes ______________________________

____

____

Sintetizar información

El texto principal dice que "los brazos robóticos son como brazos humanos". ¿Cómo te ayudan las características del texto, como las fotografías y las leyendas, a comprender que un brazo robótico es como un brazo humano?

Releer

TEXTO PRINCIPAL

¿Por qué "Mujeres pioneras" es un buen título para la nota al margen?

COLABORA

Coméntalo Vuelve a leer la nota al margen de la página 458. Habla con un compañero acerca de lo que hacían Dorothy Vaughan, Mary Jackson y Katherine Johnson en la NASA.

Cita evidencias ¿Qué detalles te indican qué hacían las mujeres en la NASA? Escribe la evidencia del texto en la tabla.

Evidencia del texto	Evidencia del texto	Cómo ayuda

Escribe "Mujeres pioneras" es un buen título para la nota al margen

porque ______________________________

____

____

____

____

Responder a la lectura

COLABORA

Responde por escrito la siguiente pregunta. Piensa en cómo la autora usa las características del texto para ayudarte a aprender sobre Ellen Ochoa y su vida. Consulta tus notas y el organizador gráfico.

¿De qué manera usa la autora las características del texto para ayudarte a comprender cómo Ellen Ochoa alcanzó sus metas?

____

____

____

____

____

____

____

____

____

____

____

Acuérdate

Usa estos comienzos de oración para hablar sobre las características del texto.

Las características del texto me ayudan a entender...

La autora usa fotografías y leyendas para...

Sé que Ellen Ochoa alcanzó sus metas porque...

Mis lecturas

Elige un texto. Lee las primeras dos páginas. Si cinco o más palabras te resultan desconocidas, elige otro texto. Anota en tu cuaderno de escritura el título, el autor, el género y tu propósito de lectura.

Releer **LECTURA COMPLEMENTARIA**

Antología de literatura, páginas 462-463

Viaje a la ciudad lunar

1 Viajar allí había sido la meta y el sueño de María desde los cinco años. Esto la había motivado a participar en un proyecto de ciencias para el Concurso Espacial Nacional. Había inventado a Robi, un perro robot. María y Robi ganaron el primer premio: un viaje a la Ciudad Lunar, el primer asentamiento en la Luna.

2 Ahora estaban por llegar a la Luna y Robi estaba inquieto.

3 —¡Tranquilo! —lo regañaba María. A veces, Robi se comportaba como un perro de verdad. María tenía que ajustar el Programa de Perfil de Personalidad para que estuviera más tranquilo.

Vuelve a leer y haz anotaciones en el texto siguiendo las instrucciones.

Subraya las palabras y frases en los párrafos 1 a 3 que te ayudan a comprender el escenario de la historia. Describe el escenario aquí.

____

____

COLABORA

Habla con un compañero sobre la meta de María. **Encierra en un círculo** la evidencia en el texto. Escribe los detalles aquí.

____

____

____

1 Entonces Robi se escabulló de los brazos de María y atravesó la nave dando brincos. Saltó sobre el control apoyando las cuatro patas y gruñendo ferozmente. Robi jalaba y jalaba.

—¡Detente! —gritó María.

2 De repente, el control volvió a su posición, las luces se encendieron y la nave salió disparada hacia delante.

—Robi, ¡lo lograste! —se rio la comandante Buckley—. ¡Qué buen perrito! —exclamó y le alcanzó a María su mascota—. Ahora podemos alunizar.

3 María sonrió orgullosa. ¡Robi era el mejor perro robot del mundo!

Vuelve a leer el párrafo 1. **Subraya** las palabras y frases que describen qué hace Robi. **Encierra en un círculo** lo que dice María.

COLABORA

Vuelve a leer los párrafos 2 y 3. Habla con un compañero sobre cómo Robi resuelve el problema. **Encierra en un recuadro** los detalles en la historia que te permiten saber cómo se sentían la comandante Buckley y María. Escríbelo a continuación.

Releer

LECTURA COMPLEMENTARIA

¿Cómo usa el autor los detalles para ayudarte a visualizar el modo en que Robi soluciona el problema?

COLABORA

Coméntalo Vuelve a leer el fragmento de la página 117. Comenta con un compañero lo que hace Robi.

Cita evidencias ¿Qué palabras y frases muestran lo que hace Robi para solucionar el problema? Escribe la evidencia del texto en la tabla.

Evidencia del texto	Lo que visualizo

Acuérdate

Cuando vuelvas a leer, usa las palabras y frases del autor para ayudarte a visualizar en tu mente lo que hacen los personajes. Visualizar, o crear imágenes en tu mente, te ayuda a entender mejor el texto.

Escribe Puedo visualizar lo que Robi hace porque el autor

____

____

Imágenes

Los escritores usan imágenes, o palabras fuertes y detalles coloridos, para que los lectores puedan formar imágenes en sus mentes. Las imágenes nos ayudan a comprender lo que sucede en una historia.

BUSCAR EVIDENCIAS

En el último párrafo de la página 462 de "Viaje a la ciudad lunar", en la **Antología de literatura**, *el autor describe el alunizaje usando palabras y frases como "estruendo", "sacudida" y "rodó de costado". El autor elige palabras fuertes para ayudarnos a imaginar lo que sucede.*

> De pronto, se oyó un estruendo. La nave se detuvo con una sacudida y rodó de costado.

De lectores a escritores

Ayuda a tus lectores a ver qué está sucediendo en tu cuento. Cuando escribas, elige algunas palabras fuertes y coloridas que muestren, en lugar de decir, lo que está sucediendo. Cuando los lectores visualizan mientras leen, pueden entender y comprender mejor las acciones y los sentimientos del personaje.

COLABORA

Tu turno Vuelve a leer los párrafos 6 a 8 de la página 463.

- ¿Qué palabras y frases te ayudan a visualizar lo que hace Robi?

____

____

- ¿Cómo te ayudan las palabras y frases a visualizar lo que hace Robi?

____

____

Conexiones del texto

¿En qué se parece el mensaje de la canción con el camino para convertirse en astronauta en *Ellen Ochoa, una mujer admirable* y la meta de María en "Viaje a la ciudad lunar"?

COLABORA

Coméntalo Lee la letra de la canción. Comenta con un compañero cómo te sentiste luego de leerla.

Cita evidencias Subraya las palabras y frases en la letra que cuenten el mensaje de la canción. Piensa en cómo te hace sentir el mensaje.

Escribe El mensaje de la canción es similar al camino de la carrera

de Ellen Ochoa porque ____________________

Acuérdate

Puedo usar las palabras en la letra para saber cuál es el tema. Esto me ayudará a comparar el texto y la música.

Nadie me desviará

No dejaré que nadie
desvíe mi rumbo,
desvíe mi rumbo,
desvíe mi rumbo.

No voy a dejar que nadie
desvíe mi rumbo,
seguiré caminando,
seguiré hablando,
caminando por todo este país.

Espiritual afroamericano

Design Pics/Bilderbuch

ESTUDIOS SOCIALES

Presentar el trabajo

COLABORA

Decide cómo presentarás tu línea cronológica a la clase. Crea un cartel digital o con una cartulina . Usa la lista de comprobación para mejorar tu presentación.

Antes de la presentación, revisaré la línea cronológica para asegurarme de que: ______________________________

____

Creo que mi presentación fue ______________________________

____

La próxima vez podría ______________________________

____

Acuérdate

Considera el uso de un puntero para atraer la atención del público a cada suceso de la línea cronológica mientras lo explicas. Recuerda que debes mirar al público y hablarle directamente en vez de leer del cartel dándoles la espalda.

Comprobar la presentación

- ☐ Practicaré la presentación.
- ☐ Señalaré los sucesos de la línea cronológica mientras hablo.
- ☐ Miraré al público.
- ☐ Hablaré claramente y con un ritmo apropiado.
- ☐ Hablaré alto para que todos puedan escucharme.

Texto modelo

Antología de literatura, páginas 450-461

Características de un informe de investigación

Un **informe de investigación** es un tipo de texto expositivo.
Un informe de investigación:

- tiene una introducción que expone las ideas principales.
- resume información de distintas fuentes sobre un tema central.
- tiene una conclusión o una declaración final.

Analiza el texto modelo Vuelve a leer la página 451 de *Ellen Ochoa, una mujer admirable* en la **Antología de literatura**. Usa evidencia en el texto para responder las preguntas a continuación.

¿Cómo introduce Liane Onish el tema?

____

____

____

¿De qué manera la autora hace que quieras leer más?

____

____

gramatiNOTAS

Los escritores usan palabras de enlace como *pero, sin embargo* o *no obstante* para unir las ideas principales en un informe de investigación. Por ejemplo, Liane Onish dice en relación a Ellen Ochoa: "No la eligieron al comienzo, pero siguió adelante". Esta oración ayuda a que el texto avance hacia la siguiente sección que trata de cómo Ellen trabajó muy duro para alcanzar su meta.

Planificar: Elige un tema

COLABORA

Escritura libre La escritura libre te ayuda a reunir tus pensamientos y a enfocarte en tus ideas. Con la escritura libre, puedes escribir por un tiempo corto, sin preocuparte por los errores de ortografía o de gramática. Comenta con un compañero por qué las metas son importantes. Escribe libremente por dos minutos sobre las metas. Luego haz una lista de personas que han trabajado duro para alcanzar sus metas. Incluye astronautas, científicos, atletas, artistas y otros que hayan demostrado que las metas son importantes. Usa estos comienzos de oración para hablar acerca de tus ideas.

Sé que las metas son importantes porque...

Las personas alcanzan sus metas cuando...

Instrucción de escritura Elige una persona de tu lista. Escribe un informe de investigación sobre lo qué hizo para alcanzar su meta.

Escribiré acerca de ______________________________

Propósito y público El propósito de un autor es su razón principal para escribir un texto. El público son las personas que lo leerán.

La razón por la cual estoy escribiendo sobre esta persona es ______

____

Planifica En tu cuaderno de escritura, haz una tabla de idea principal y detalles para planificar tu texto. Completa la tabla de idea principal.

Acuérdate

Los informes de investigación son escritos para informar. Pueden tratar sobre cosas muy distintas, desde los dinosaurios hasta una estrella de rock. Los buenos informes son respaldados por datos y por información cuidadosamente investigada.

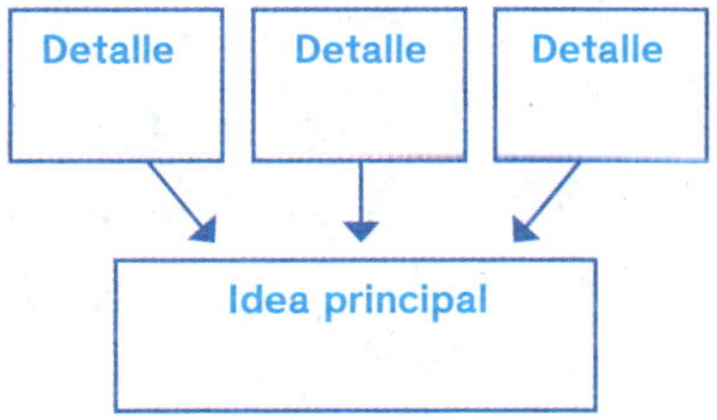

Planificar: Investigación

Reunir información relevante Antes de escribir tu informe de investigación, deberás elegir fuentes confiables. Las enciclopedias, los sitios web, las entrevistas, los libros y las revistas son ejemplos de fuentes confiables. Usa información relevante o relacionada con el tema sobre el que estás escribiendo. Responde las siguientes preguntas:

- ¿Dice algo este dato acerca de la persona sobre la que estoy escribiendo?
- ¿Está relacionada esta información con la meta de la persona?
- ¿Estoy reuniendo información de más de una fuente?

Escribe dos ejemplos de información relevante que hayas encontrado.

1 ____

____.

2 ____

____.

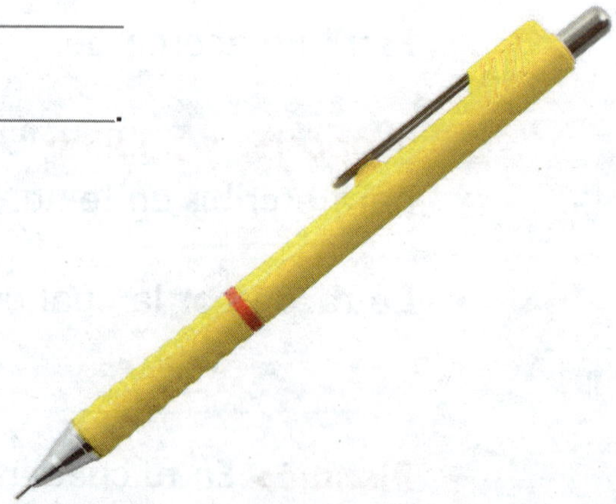

Toma notas A medida que busques información, toma notas y completa la tabla de idea principal y detalles. Asegúrate de parafrasear la información. Escríbela con tus propias palabras. Incluye solo la información más importante.

Recursos digitales

Para obtener más información sobre cómo tomar notas, entra en **my.mheducation.com** y mira "Parafrasear".

Hacer un borrador

Desarrollo del tópico Los escritores usan datos, definiciones y detalles para desarrollar el tópico de sus informes de investigación. Comienzan con una idea principal clara e investigan para transmitir información sobre el tópico. En el ejemplo de abajo de "Hacia el espacio", el autor usa datos para ayudarte a comprender qué sucedió en la misión de Apolo 13.

> El Apolo 13 debía aterrizar en la Luna. Sin embargo, después de dos días de haber despegado, la nave tuvo un problema grave. Uno de los tanques de oxígeno explotó. La tripulación no tenía suficiente energía ni aire para respirar. No podían llegar a la Luna.

Usa el fragmento anterior como modelo para escribir sobre la persona que elegiste para tu tópico. En la primera oración, habla acerca de la idea principal del párrafo. Luego utiliza datos y detalles para desarrollar el tópico.

Haz un borrador Usa tu organizador gráfico de idea principal y detalles para escribir un borrador en tu cuaderno de escritura.

Enlace gramatical

Usa distintos tipos de oraciones para hacer más interesante el informe de investigación. Asegúrate de utilizar la mayúscula para los nombres de personas y de lugares. Por ejemplo, notarás que Tierra y Luna están en mayúscula. Esto se debe a que son sustantivos propios.

Revisar

Voz La voz de un autor es el tono del informe de investigación. El uso del lenguaje del autor y su elección de palabras contribuye a su voz. A veces el tono de un texto expositivo es serio y, otras veces, es más alegre.

COLABORA

Vuelve a leer el fragmento de "Hacia el espacio". Comenta con un compañero acerca de la voz del autor.

> El viaje de regreso fue peligroso y aterrador. Durante casi cuatro días, viajaron en una cápsula estrecha. Tenían frío, sed y hambre. Con millones de personas mirando por televisión, el módulo cayó a la Tierra.

¿Este fragmento es serio o gracioso? ¿Qué palabras y frases contribuyen a la voz del autor? Escribe acerca de la voz del autor.

____

____

____

Revisión Es momento de revisar tu escrito. Lee tu borrador y busca partes en las que puedas agregar palabras o frases que transmitan emociones, o voz.

____

Acuérdate

Cuando revises tu informe, asegúrate de que esté organizado de un modo claro. ¿En tu introducción nombras a la persona y su meta? ¿La idea principal y los detalles apoyan el tema? ¿Tu conclusión resume el informe?

PacoRomero/iStock/Getty Images

Charlas entre compañeros

COLABORA

Revisión del borrador Escucha con atención mientras tu compañero lee su borrador en voz alta. Comenta lo que te gustó del borrador. Usa estos comienzos de oración como guía para la charla:

Me gusta esta parte porque me ayudó a entender...

Tengo una pregunta sobre...

Agrega otro dato o detalle aquí para...

Sugerencias de compañeros Cuando tu compañero haya comentado tu borrador, escribe una de las sugerencias que aplicarás en tu revisión.

____

____

____

____

____

Revisión Al revisar tu borrador, consulta las sugerencias de Comprobar la presentación para determinar qué partes del texto debes mejorar. Consulta las pautas de evaluación en la página 129.

Comprobar la presentación

- ☐ ¿Presenta claramente mi introducción a la persona sobre la que investigué?
- ☐ ¿Incluyo ideas principales y detalles acerca de cómo la persona se esforzó por sus metas?
- ☐ ¿Está escrito mi informe en una voz apropiada?
- ☐ ¿Uso por lo menos dos fuentes de información para mi informe?

tecnoNOTAS

Cuando escribes tu informe en computadora, puedes hacer la revisión más fácilmente. Puedes incluir nuevos detalles o reorganizar los párrafos sin volver a escribir el texto.

ESCRITURA

Corregir

Al **corregir** tu borrador, tienes que buscar errores de ortografía, de puntuación y de otros aspectos gramaticales. Lee el borrador al menos tres veces. De esta manera, estarás seguro de no pasar por alto ningún error. Fíjate en las sugerencias de comprobar la corrección.

Comprobar la corrección

- ☐ ¿Comienzan todas las oraciones con mayúscula y terminan con un signo de puntuación?
- ☐ ¿Comienzan con mayúscula los sustantivos propios?
- ☐ ¿Se usan correctamente los adjetivos comparativos?
- ☐ ¿Están todas las palabras escritas correctamente?

Enlace gramatical

Al revisar tu ensayo, recuerda que debes buscar palabras o frases que comparen personas, cosas o incluso grupos, por ejemplo: "Como la mayoría de los astronautas eran hombres, Ellen Ochoa tuvo que esforzarse mucho *más*".

Escribe dos errores que hayas encontrado al revisar tu informe de investigación.

1. ______________________________

2. ______________________________

Shutterstock/Tatiana Popova

Publicar, presentar y evaluar

Publicación Al **publicar** tu texto, muestra una copia limpia y sin errores. Si no utilizas una computadora, asegúrate de usar una letra muy clara y legible. Puedes escribir en imprenta o en cursiva.

Presentación Cuando estés listo para presentar tu trabajo, ensaya tu presentación. Como guía, lee las pautas de comprobar la presentación.

Evaluación Después de publicar tu texto, lee las pautas de evaluación que se muestran abajo para **evaluar** tu texto.

Comprobar la presentación

- ☐ Mira al público.
- ☐ Habla lentamente y con claridad.
- ☐ Párate derecho.
- ☐ Piensa bien antes de responder.

¿Qué aspectos son satisfactorios? ______________________________

____

¿Qué partes requieren de más trabajo? __________________________

____

4	3	2	1
• El informe está bien centrado en el tópico; hay muchos detalles de apoyo. • Se usó la voz apropiada en todas las partes. • Tiene un buen comienzo y una conclusión interesante.	• El informe está mayormente centrado en el tópico; hay algunos detalles de apoyo. • Se usó la voz apropiada en la mayoría de las partes. • Le falta un detalle clave al comienzo y a la conclusión.	• El informe está en parte centrado en el tópico; hay pocos detalles de apoyo. • Se usó una voz inapropiada en algunas partes. • Le faltan datos y detalles al comienzo y a la conclusión.	• El informe no está centrado en el tópico; no hay detalles de apoyo. • Se usó una voz inapropiada en todas partes. • El comienzo y la conclusión no son interesantes.

Coméntalo

Pregunta esencial

¿Cómo decides lo que es importante?

COLABORA

Pasar tiempo con su abuelo es importante para Brianna. Él comparte con ella lo que sabe y la ayuda a comprender cosas nuevas. Compartir, aprender cosas nuevas, y tener hábitos saludables son cosas importantes para Brianna.

Mira la fotografía. ¿Qué actividad nueva está aprendiendo Brianna? Anota en la red de palabras las cosas que valoras o que son importantes.

Lee en **my.mheducation.com** el *blast* "Leopardos de la nieve". Piensa en cómo deciden las personas lo que es importante. Respóndelo y envíalo.

LECTURA COMPARTIDA

TOMA NOTAS

Comprender por qué lees, te ayuda a hacer ajustes sobre la manera en la que lees. Te ayuda a decidir si vuelves a leer o si lees más despacio. Echa un vistazo al texto y escribe aquí el propósito de tu lectura.

____

____

____

Mientras lees, toma nota de:

Palabras interesantes: __________

____

____

____

Detalles clave: ________________

____

____

____

Perdix, el inventor

PERSONAJES:

Perdix: Niño de 12 años
Dédalo: Inventor, tío de Perdix
Atenea: Diosa griega de la inteligencia y de las actividades artesanales
Narrador

Pregunta esencial

¿Cómo decides lo que es importante?
Lee este mito/drama que muestra por qué debemos esforzarnos para lograr nuestros objetivos.

Escenografía: A la derecha una pared con una puerta. En el centro del escenario una mesa y un taburete de madera. Sobre la mesa hay herramientas y un tronco en el que se está trabajando. A un costado, una rueda de piedra para afilar. En el piso, algunas virutas y trozos de madera.

ESCENA UNO

Dédalo está en su taller.

Narrador: Dédalo era un inventor famoso por sus buenas ideas y su mal carácter. Un día, escuchó que llamaban a la puerta de su taller.

Dédalo: *(Abre la puerta malhumorado).* ¿Por qué interrumpes mi trabajo, Perdix?

Perdix: Tío, quiero que me enseñes a ser inventor.

Dédalo: *(Mueve los dedos sobre la mesa como un* **pianista***).* Si tú realizas las tareas de la casa, yo te dejaré observar mi trabajo y así aprenderás.

Perdix: *(***Aplaude** *con entusiasmo).* ¡Gracias, tío! Me esforzaré mucho para aprender.

ESCENA DOS

Perdix está apilando leña debajo de un brasero para asar un pescado. Se le ve triste.

Narrador: Perdix está cansado de limpiar, cortar leña y cocinar.

Perdix: ¡Oh, Atenea! Mi tío no me permite ser inventor. Tengo que crear algo que lo sorprenda.

BUSCAR EVIDENCIAS

Leer

Escena Uno

Tema

Encierra en un círculo por qué era famoso Dédalo.

Escena Uno

Acotaciones

Encierra en un recuadro las acotaciones en la Escena Uno.

Escena Dos

Hacer predicciones

Lee la última línea de Perdix en la Escena 2. ¿Qué predicción puedes hacer sobre Perdix?

____

____

Releer

Técnica del autor

¿De qué manera el autor utiliza el diálogo para hacerte entender cómo es Perdix?

LECTURA COMPARTIDA

BUSCAR EVIDENCIAS

Leer

Escena Dos

Diálogo

¿De qué modo alienta Atenea a Perdix para que no se desanime?

Escena Dos

Raíces de palabras

Encierra en un recuadro la palabra *brillante*. Escribe la raíz.

Escena Tres

Hacer predicciones

Subraya lo que observó Perdix en el espinazo. ¿Te ayuda esto a tu predicción de la página 133?

Releer

Técnica del autor

¿Cómo usa el autor las acotaciones para ayudarte a entender lo que hacen los personajes?

Aparece una majestuosa figura vestida con **elegancia** *y envuelta en una luz brillante.*

Atenea: *(Con voz serena).* Observa lo que te rodea, Perdix. Estudia para qué pueden servir las **envolturas** de las cosas, mira cómo **despegan** las aves del suelo para volar. Luego, analiza y piensa en qué podrías aplicar tus conocimientos.

Perdix: *(En voz baja).* Ya se me han ocurrido algunas ideas, pero a Dédalo todo le parece mal.

Atenea: No te aflijas. Tienes un gran ingenio y ese es tu **tesoro**. Sigue esforzándote.

ESCENA TRES

Dédalo está sentado en la **cabecera** *de una mesa mientras Perdix lava los platos en una batea de madera.*

Dédalo: *(Se chupa los dedos).* Muy bueno el pescado, aunque los he comido mejores.

Perdix: *(Saca la mano de la batea y muestra el espinazo dentado de un gran pescado).* ¡Auch! Me lastimé el dedo. Estos dientes son muy afilados.

Se queda mirando fijamente el espinazo. De pronto se ilumina su rostro y sale corriendo.

Dédalo: *(Grita).* ¿Adónde vas? ¡Vuelve aquí!

Se oyen martillazos y el ruido de la rueda de afilar.

Perdix: ¡Lo logré! Mira, tío Dédalo, es una herramienta para cortar leña. *(Y le muestra su invento).*

Dédalo: Ese era mi pescado, por lo tanto es MI invento.

Perdix: *(Guiñando un ojo).* No, tío, es mi invento. Ahora sí soy un inventor y no me interesan ni la fama ni la **riqueza**. Solo quiero crear.

Resumir

Usa tus notas para hablar con un compañero acerca del tema de "Perdix, el inventor". Resume qué partes de la historia ayudaron a crear el tema. Di si se confirmó tu predicción de la página 133.

BUSCAR EVIDENCIAS

Leer

Escena Tres

Confirmar predicciones

¿Fue correcta tu predicción de la página 134? Escribe tu respuesta.

___

___

Diálogo

¿Qué reflexión hace Perdix cuando se da cuenta de que es inventor?

___

___

Subraya la evidencia en el texto.

Releer

Técnica del autor

¿Cómo te ayuda el autor a comprender el modo en que Perdix inventó su herramienta?

Vocabulario

Con las oraciones que se dan como ejemplo, comenta con un compañero lo que significa cada palabra. Luego, responde las preguntas.

aplaudir

El público **aplaudió** a los actores.

¿A quién puedes aplaudir también?

____

____

cabecera

Luisa decoró la **cabecera** de su cama con cojines.

¿Qué más puedes poner en la cabecera de una cama?

____

____

____

despegar

El avión **despegó** sin problemas.

¿Te gusta mirar cómo despegan los aviones en el aeropuerto?

____

____

elegancia

Sally patina con **elegancia**.

Nombra una prenda para vestir con elegancia.

____

____

envoltura

No se deben tirar las **envolturas** de las golosinas al piso.

¿Dónde se deben tirar las envolturas?

____

____

Tu lista de palabras Mira tu lista de palabras interesantes en la página 132. Elige una y escribe variaciones en una red de palabras. Busca más palabras relacionadas en un diccionario en línea o impreso.

pianista

Luis tiene los dedos largos como los de un **pianista**.

¿Qué debería hacer alguien para ser un buen pianista?

____

____

tesoro

Lila piensa que un buen libro es un **tesoro**.

Nombra algo que consideres un tesoro.

____

____

riqueza

Mamá dice que somos su verdadera **riqueza**.

¿Qué palabra significa lo opuesto a riqueza?

____

____

Raíces de palabras

La raíz es la parte más simple de una palabra. Si identificas la raíz de una palabra desconocida, esto te ayuda a saber su significado.

BUSCAR EVIDENCIAS

En la página 133, leo la palabra malhumorado. *Pienso que la raíz de* malhumorado *es* malhumor. *Sé que* malhumor *significa "enojo". Creo que* malhumorado *es "cuando alguien está enojado".*

Dédalo: *(Abre la puerta malhumorado).* ¿Por qué interrumpes mi trabajo, Perdix?

Tu turno Identifica la raíz de la palabra. Luego úsala para descubrir el significado de la palabra.

martillazos, página 134 ______________________

____

____

Releer **LECTURA COMPARTIDA**

Hacer predicciones

Presta atención a los detalles del texto para hacer una predicción. Sigue leyendo para comprobarla. Corrígela si no es correcta.

Acuérdate

Usa las acotaciones y los diálogos como ayuda para corregir o confirmar tu predicción.

BUSCAR EVIDENCIAS

Es probable que hayas hecho una predicción al principio del texto. ¿Qué pistas en la página 133 te ayudaron a hacer la predicción?

Página 133

ESCENA UNO

Dédalo está en su taller.

Narrador: Dédalo era un inventor famoso por sus buenas ideas y su mal carácter. Un día, escuchó que llamaban a la puerta de su taller.

Dédalo: *(Abre la puerta malhumorado).* ¿Por qué interrumpes mi trabajo, Perdix?

Perdix: Tío, quiero que me enseñes a ser inventor.

Dédalo: *(Mueve los dedos sobre la mesa como un* **pianista***).* Si tú realizas las tareas de la casa, yo te dejaré observar mi trabajo y así aprenderás.

Perdix: *(***Aplaude** *con entusiasmo).* ¡Gracias, tío! Me esforzaré mucho para aprender.

Leo que Perdix le pide a su tío Dédalo que le enseñe a ser inventor. Dédalo acepta con una condición. Perdix se alegra mucho y dice que se esforzará para aprender. Puedo predecir que Perdix va a inventar algo sorprendente. Voy a continuar la lectura para confirmar mi predicción.

COLABORA

Tu turno ¿Qué predicción hiciste sobre Perdix? Vuelve a leer la página 135. Escribe aquí tu predicción y la evidencia del texto que la confirma o la cambia.

Escena, acotaciones y diálogo

"Perdix, el inventor" es un mito/drama. Un **mito** es una narración que explica por qué las cosas son como son. Un **drama**:

- Cuenta una historia con diálogos y se actúa sobre un escenario.
- Está dividida en actos que contienen escenas y acotaciones.

BUSCAR EVIDENCIAS

Sé que "Perdix, el inventor" es un mito/drama. Es un acto que está dividido en tres escenas. La obra tiene diálogos y acotaciones para contar cómo se convirtió Perdix en inventor.

De lectores a escritores

Un acto es un conjunto de escenas en una obra de teatro. Se usan para separar las partes de la obra, como el principio, el desarrollo y el final. Cuando escribas una obra de teatro, piensa en cómo se combinan las escenas para contar la historia completa.

Página 134

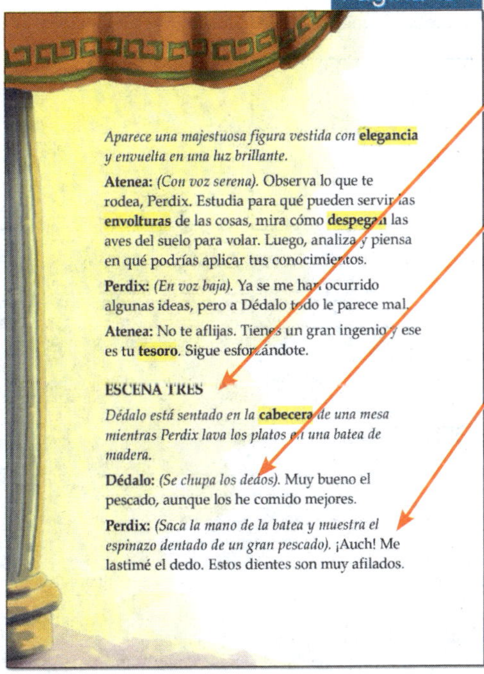
Aparece una majestuosa figura vestida con **elegancia** *y envuelta en una luz brillante.*

Atenea: *(Con voz serena).* Observa lo que te rodea, Perdix. Estudia para qué pueden servir las **envolturas** de las cosas, mira cómo **despegan** las aves del suelo para volar. Luego, analiza y piensa en qué podrías aplicar tus conocimientos.

Perdix: *(En voz baja).* Ya se me han ocurrido algunas ideas, pero a Dédalo todo le parece mal.

Atenea: No te aflijas. Tienes un gran ingenio y ese es tu **tesoro**. Sigue esforzándote.

ESCENA TRES

Dédalo está sentado en la **cabecera** *de una mesa mientras Perdix lava los platos en una batea de madera.*

Dédalo: *(Se chupa los dedos).* Muy bueno el pescado, aunque los he comido mejores.

Perdix: *(Saca la mano de la batea y muestra el espinazo dentado de un gran pescado).* ¡Auch! Me lastimé el dedo. Estos dientes son muy afilados.

Escena

Una escena es parte de una obra de teatro. Las escenas cuentan la historia en orden cronológico.

Acotaciones

Son instrucciones que el autor da a los personajes de cómo moverse y qué gestos hacer.

Diálogo

Es lo que dicen los personajes.

COLABORA

Tu turno Busca un ejemplo de diálogo y acotaciones en "Perdix, el inventor". Escríbelos aquí.

____

____

Tema

El tema de una historia es el mensaje del autor. Presta atención a lo que hacen y dicen los personajes. Esto te ayudará a inferir, o a descubrir, el tema.

BUSCAR EVIDENCIAS

Perdix aprende que para ser inventor hay que observar lo que nos rodea y esforzarse mucho. Este es el tema de la historia. Puedo volver a leer para encontrar detalles que me ayuden a inferir, o descubrir, el tema.

Detalle

Perdix dice que se esforzará mucho para aprender y ser inventor, pero se aflige porque su tío no lo ayuda y no le presta atención.

Detalle

Detalle

Detalle

Tema

A pesar de las dificultades, debemos seguir esforzándonos para lograr nuestros objetivos.

Acuérdate

Para diferenciar entre tema y tópico, recuerda que el tema es el mensaje del autor, y el tópico es de lo que trata la historia. El tópico de "Perdix, el inventor" es un niño que quiere ser inventor. El tema es cómo decidimos lo que es importante.

COLABORA

Tu turno Vuelve a leer "Perdix, el inventor". Haz una lista en tu organizador gráfico de los detalles sobre lo que Perdix dice y hace. Asegúrate de que los detalles den información sobre el tema.

Detalle

Perdix dice que se esforzará mucho para aprender y ser inventor, pero se aflige porque su tío no lo ayuda y no le presta atención.

Detalle

Detalle

Detalle

Tema

A pesar de las dificultades, debemos seguir esforzándonos para lograr nuestros objetivos.

Responder a la lectura

COLABORA

Responde por escrito a la siguiente pregunta. Piensa en el tema del mito/drama. Consulta tus notas y el organizador gráfico.

¿Cómo utiliza el autor el diálogo para mostrar el conflicto que tiene Perdix con su tío Dédalo?

____

____

____

____

____

____

____

____

____

____

____

____

Acuérdate

Usa estos comienzos de oración para responder a la pregunta.

En la Escena Uno, leí que Perdix...

El diálogo me ayuda a comprender que...

Al final del drama...

Enlace gramatical

Mientras escribes la respuesta, verifica que estés colocando las comillas exactamente al comienzo y al final de lo que dicen los personajes. Usa dos puntos para indicar el inicio de una cita. Por ejemplo: Perdix dice: "Tío, quiero que me enseñes a ser inventor".

ESTUDIOS SOCIALES

Usar la información

Un modo de reunir información es hacer preguntas. Un modo de mostrar que comprendes la información es compartirla. Una gráfica de barras es un tipo de dibujo especial. Te ayuda a comprender los números y la información de modo rápido y sencillo.

Mira la gráfica de barras. ¿Cuál es el título?

____

¿Cuál es la cualidad más importante?

____

Acuérdate

Piensa en algo que sea importante para ti y tus compañeros, como cuidar mascotas, compartir cosas con amigos y familiares o comer alimentos saludables. Elige un tema y averigua por qué es importante para los otros.

COLABORA

Crea una gráfica de barras Con un compañero, haz una gráfica de barras sobre algo que sea importante para ti. Sigue estos pasos.

1. Piensa en una pregunta, que tenga cuatro respuestas posibles, para hacer a tus compañeros. Escribe la pregunta aquí.
2. Haz una gráfica de barras. Ponle un título. Escribe las cuatro respuestas en la parte inferior.
3. Hazle la pregunta a 6 compañeros. Diles las opciones de respuesta. Anota sus respuestas en la gráfica de barras. Diles las opciones de respuesta. Comenta los resultados con un compañero. Al terminar, compártelos con la clase.

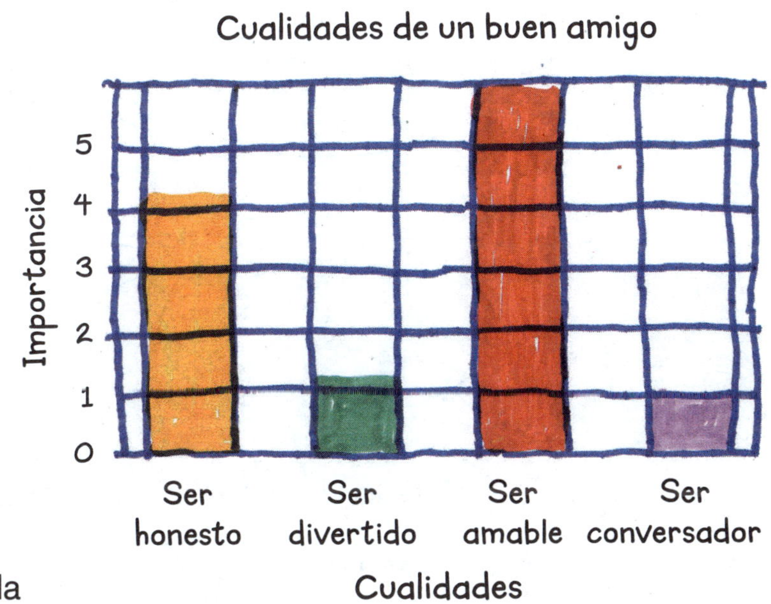

Releer | TEXTO PRINCIPAL

Antología de literatura, páginas 464-479

De cómo los aztecas consiguieron el maíz

¿Cómo te ayuda el autor a visualizar las dificultades que tenían los aztecas para conseguir el maíz?

COLABORA

Coméntalo Vuelve a leer la página 466 y mira las ilustraciones de la página 467. Comenta con un compañero de qué hablan Xitlali y Teotl.

Cita evidencias ¿Qué imágenes, palabras y frases te ayudan a comprender lo difícil que era para los aztecas conseguir el maíz? Escribe las evidencias en la red de palabras.

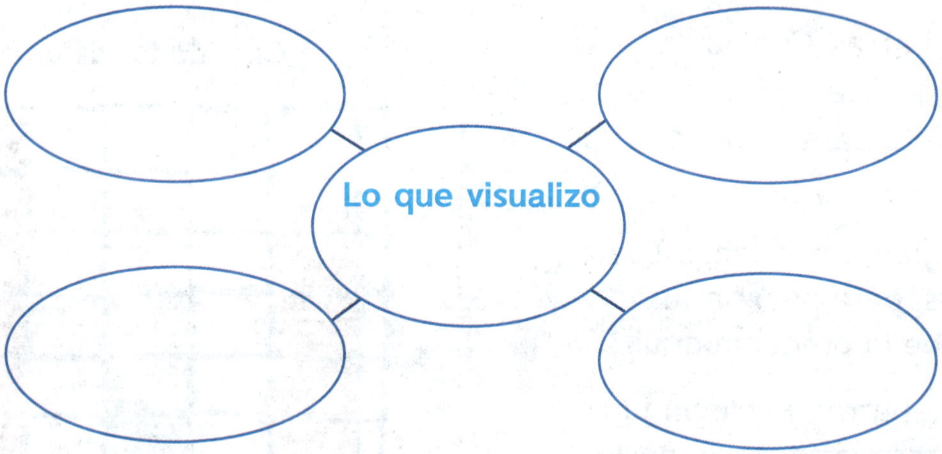

Escribe Puedo visualizar lo difícil que era para los aztecas conseguir maíz porque el autor ______________________________

____

____

Sintetizar información

Busca evidencia en el texto que muestre las palabras y las acciones de los personajes. Luego, haz una conclusión respecto a lo difícil que era para los aztecas conseguir el maíz.

¿Cómo muestra el autor que los aztecas consiguen ayuda?

COLABORA

Coméntalo Vuelve a leer las páginas 468 a 471. Comenta con tu compañero qué dice el dios Quetzalcóatl.

Cita evidencias ¿Qué pistas te ayudan a ver que el dios Quetzalcóatl podrá ayudar a los aztecas?

Pista

Pista

Pista

Qué muestra

Escribe El autor me ayuda a comprender que el dios Quetzalcóatl

podrá ayudar a los aztecas ______________________________

____

Acuérdate

Puedo usar estos comienzos de oración para hablar sobre Quetzalcóatl.

El autor cuenta que Quetzalcóatl sorprende a todos...

Esto me dice que Quetzalcóatl...

Evalúa la información

Vuelve a leer el texto cuidadosamente y busca evidencia que muestre las palabras de Quetzalcóatl. Indica cómo la evidencia muestra que Quetzalcóatl tiene un plan que puede ayudar a los aztecas.

Releer

TEXTO PRINCIPAL

¿Cómo muestra el autor que Quetzalcóatl logrará conseguir el maíz?

COLABORA

Coméntalo Vuelve a leer las páginas 472 a 475. Comenta con tu compañero qué hace el dios Quetzalcóatl.

Cita evidencias ¿Qué pistas te ayudan a ver que el dios Quetzalcóatl podrá conseguir el maíz? Escribe evidencia del texto.

Pista

↓

Pista

↓

Pista

Escribe Sé que Quetzalcóatl logrará conseguir el maíz porque ______

____

____

Hacer inferencias

Piensa en lo que ya sabes y en las palabras y frases que usa el autor. Haz una inferencia sobre cuál puede ser la lección que enseña Quetzalcóatl a los aztecas.

Responder a la lectura

COLABORA

Comenta esta instrucción. Piensa cómo las frases y palabras del autor desarrollan el tema de la obra. Usa tus notas y organizadores gráficos.

¿De qué manera el autor te ayuda a entender el tema de esta historia?

Acuérdate

Usa estos comienzos de oración para hablar sobre el tema de la obra de teatro.

El autor muestra que el ingenio...

Esto me ayuda a comprender el tema porque...

Mis lecturas

Elige un texto. Anota en tu cuaderno de escritura el título, el autor y el género del libro. Mientras lees, haz conexiones con ideas que hayas leído en otros textos o con tu experiencia personal. Escribe tus ideas en el cuaderno.

El mejor día de la semana

Antología de literatura, páginas 480-483.

1 Cuando los mellizos cumplieron años la última vez, el abuelo empezó a ponerles un billete debajo del plato cada domingo. “A fin de año veremos cómo lo han usado”, dijo. Felipe pensó en ahorrar para comprarse una bicicleta nueva, que sus padres decían era muy cara. Por su parte, Antonia pensaba en esos juguetes para armar que tanto le gustaban y que compraría tan pronto como ahorrara el dinero suficiente. La madre, asomándose por la puerta del cuarto, les recordó que ya no faltaba mucho para el fin de año. “Recuerden que todos queremos ver qué han hecho con su riqueza”.

Vuelve a leer y haz anotaciones en el texto siguiendo las instrucciones.

Subraya las frases en el párrafo 1 que muestran cómo los niños consiguen dinero. **Encierra en un círculo** las pistas de lo que querían comprar Felipe y Antonia. Escribe las evidencias del texto aquí.

____

____

____

____

COLABORA

Vuelve a leer el párrafo 1. Habla con un compañero sobre la importancia del ahorro para la familia de Antonia y Felipe. **Encierra en un recuadro** la frase que muestra lo que la madre quiere hacer porque se acerca el fin de año.

1 —Ya sé en qué usar mi dinero —le dijo Felipe, esa noche, a su hermana.

2 —Yo también —le contestó Antonia.

3 A fin de año, en el auto, Antonia llevaba un paquete de regalo de forma de cono y Felipe uno rectangular y pesado. Cuando los abrieron en la casa de los abuelos, uno envolvía un bebedero rojo para picaflores. El otro, un álbum para fotografías.

4 "Ahora vendrán los colibríes, abuela. Les encanta el néctar y el rojo es su color preferido", dijo Antonia.

5 "Aquí puedes poner todas tus fotos en orden cronológico, abuelo", dijo Felipe.

6 Ahora los domingos son incluso mejores.

En el párrafo 3, encierra en un recuadro las palabras y frases que describen qué llevan los niños en el auto. En los párrafos 4 y 5, **subraya** la evidencia en el texto que indica para quiénes son los regalos. Escríbelo aquí:

____

____

COLABORA

Conversa con un compañero sobre lo que opinan Antonia y Felipe acerca de los domingos al final del cuento. **Encierra en un círculo** la evidencia en el texto.

Releer

LECTURA COMPLEMENTARIA

¿Cómo usa el autor el diálogo para mostrar qué compraron Felipe y Antonia con sus ahorros?

COLABORA

Coméntalo Vuelve a leer los fragmentos de las páginas 148 y 149. Comenta con un compañero la diferencia entre lo que los niños valoraban al comienzo y al final del cuento.

Cita evidencias ¿Qué quieren hacer los niños inicialmente con el dinero y qué hacen al final? Escribe la evidencia en la tabla.

Evidencia del texto	Me ayuda a comprender

Escribe Sé que los niños aprendieron a valorar a la familia porque el autor usa el diálogo para

____

____

Problema y solución

Los escritores organizan la información para ayudar a los lectores a comprender su escritura. Una manera de organizar el texto es plantear un problema y luego brindar la solución. Los escritores presentan el problema y luego muestran cómo el problema se resuelve.

BUSCAR EVIDENCIAS

*En el primer párrafo de la página 482, de la **Antología de literatura** el autor usa la frase "antes pasaban seguido por aquí pero hace mucho que no lo hacen". Esto muestra un problema. Al decirnos el problema nos ayuda a buscar la solución.*

> "Es un picaflor", le dijo la abuela. "Antes pasaban seguido por aquí pero hace mucho que no lo hacen. Los extraño".

COLABORA

Tu turno Vuelve a leer las páginas 482 y 483.

- ¿Cómo el autor usa el diálogo para ayudarte a entender lo que los niños deben hacer para resolver el problema? ______________________

  ____

  ____

- ¿Cómo crees que se sienten los niños? ______________________

  ____

  ____

De lectores a escritores

Organiza tu escritura con el planteamiento de un problema y su solución para mostrar a los lectores cómo un personaje resolvió un problema o superó un obstáculo.

Conexiones del texto

¿Cómo hace el fotógrafo de la imagen para mostrarte qué es importante? ¿Cómo puede compararse con lo que hacen los autores en *De cómo los aztecas consiguieron el maíz* y en "El mejor día de la semana"?

Acuérdate

Puedes saber qué es importante para alguien viendo sus acciones. Mira lo que Chloe está haciendo para comprender lo que ella piensa que es importante.

COLABORA

Coméntalo Mira la fotografía y lee la leyenda. Comenta con un compañero qué está pasando en la fotografía.

Cita evidencias Haz un círculo en las pistas que muestren cómo Chloe está ayudando. En la leyenda, subraya las palabras que indican lo que Chloe está haciendo. Encierra en un recuadro la parte de la fotografía que muestra cómo se siente Chloe.

Escribe El fotógrafo muestra qué es

importante al ______________________________

____

____

____

____

Chloe está siempre ocupada, pero hace trabajo voluntario en el banco de alimentos cada semana.

ESTUDIOS SOCIALES

Presentar el trabajo

COLABORA

Decide cómo presentarás tu información a la clase. Crea una presentación en línea o un cartel digital. Usa esta lista de comprobación para mejorar la presentación.

Antes de la presentación, revisaré que la información sea comprensible. Luego explicaré la gráfica de barras y lo que significa.

Creo que mi presentación fue ____________________

Lo sé porque ____________________

____

____

tecnoNOTAS

Los procesadores de palabras y las hojas de cálculo te permiten insertar gráficas de barras y mostrar la información. Busca en el Menú la opción insertar "Gráfico".

Comprobar la presentación

- ☐ Revisaré la información.
- ☐ Practicaré la presentación.
- ☐ Hablaré claramente.
- ☐ Señalaré la información en la gráfica.
- ☐ Comentaré lo que aprendí.

Coméntalo

Pregunta esencial

¿Qué te hace reír?

Hay muchas cosas que nos hacen reír: los chistes, las historias graciosas y las fotos tontas. Es importante tener un buen sentido del humor. Reír te hace sentir mejor. Reír te ayuda a compartir los sentimientos con tus amigos.

Mira los cerditos rosados. Habla acerca de qué te parece divertido de los cerditos. Anota en la red de palabras las cosas que te parecen graciosas.

Lee en **my.mheducation.com** el *blast* "La mejor medicina". Piensa en cómo te sientes cuando ríes. Respóndelo y envíalo.

LECTURA COMPARTIDA

TOMA NOTAS

Echa un vistazo a los poemas y a las ilustraciones. Establece un propósito de lectura. ¿Qué te gustaría descubrir mientras lees?

____

____

____

Mientras lees, toma nota de:

Palabras interesantes: ______________

____

____

____

Detalles clave: ______________

____

____

____

____

____

Pregunta esencial

¿Qué te hace reír?
Lee estos poemas con situaciones muy divertidas.

El chicle viajero

Bien pegado
a un tacón
muy elegante,
me he colado
en el salón
de un restaurante.

Una bota
me ha llevado
a ver el puerto,
donde daban
las gaviotas
un concierto.

Las **chancletas**
de un viajero
distraído
me llevaron
de crucero
por el río.

¡Qué bonito
ir por la calle
polvorienta,
sin saber
si soy de fresa
o soy de menta!

Pedro Mañas

BUSCAR EVIDENCIAS

Leer

Página 157

Estrofas

¿Cuántos versos tiene la primera estrofa del poema?

Rima

Encierra en un círculo la palabras que riman en la segunda estrofa. Escribe dos palabras que riman en la tercera estrofa.

Punto de vista

¿Qué piensa el narrador cuándo descubre que ha ido pasando de zapato en zapato? **Subraya** la evidencia del texto.

Releer

Técnica del autor

¿De qué manera el autor te ayuda a comprender cómo se siente el narrador de este poema?

LECTURA COMPARTIDA

BUSCAR EVIDENCIAS

Leer

Página 158

Punto de vista

¿Cómo se siente el narrador con relación a los pies?

____

____

Versos 1-6

Homógrafos

Encierra en un círculo el homógrafo de la palabra en plural cuyo significado es "unidad de longitud".

____

____

Releer

Técnica del autor

¿De qué manera puedes descubrir lo que significa la expresión "a gatas"?

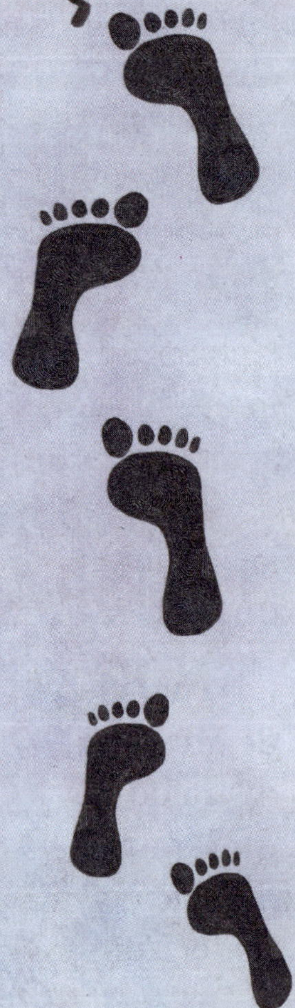

Pies

Somos pobres en pies:
nos tocaron dos,
al gato cuatro,
a la hormiga seis,
a la araña ocho,
cien al cien pies;
porque son dos
y no cuatro, ni cien,
ni ocho, ni seis,
nos tocaron manos,
la pelota y el trompo,
orejas a los lados,
y la cabeza en lo alto
como un observatorio.
Ahora tú caminas con dos pies:
antes, a gatas, no podías
caminar
y mirar las nubes,
las estrellas, los pájaros,
ni cargar tus juguetes,
ni montar un caballo.

Antonio Deltoro

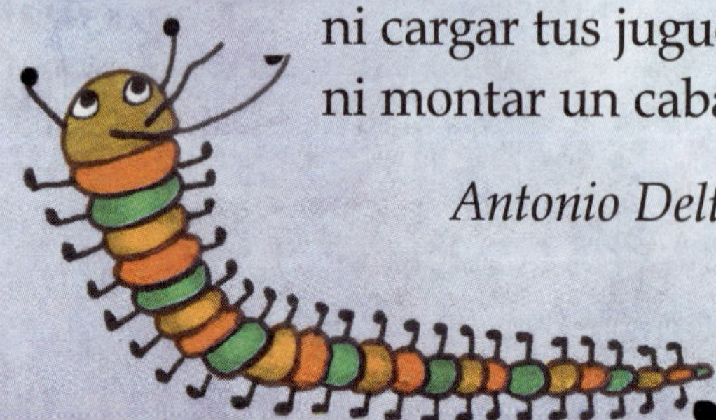

Disparate

Había un inglés
que en un dos por tres
quedaba al **revés**
arriba los pies.

Así caminaba,
comía y hablaba,
reía y cantaba
feliz como un pez.

Decía: ¿No ves
que todo es como es
vuelto del revés?
Le contesté: "Yes".

María de la Luz Uribe

Haz conexiones

¿Qué poema tiene los personajes o los eventos más divertidos?

BUSCAR EVIDENCIAS

Leer

Página 159

Modismos

Encierra en un recuadro el modismo en la primera estrofa. Escribe lo que significa.

Estrofa 2

Punto de vista

¿Cómo se siente el personaje cuando queda al revés? **Subraya** en el texto la evidencia.

Fluidez

Lee en coro con un compañero, las dos últimas estrofas de la página 159. Sigan la puntuación para mostrar su emoción.

Releer

Técnica del autor

Vuelve a leer el poema. ¿Por qué crees que "Disparate" es un buen título?

Vocabulario

Con las oraciones que se dan como ejemplo, comenta con un compañero lo que significa cada palabra. Luego, responde las preguntas.

chancleta

Me compré unas **chancletas** de goma para ir a la playa.

¿Conoces una palabra que signifique lo mismo que chancleta?

____

____

revés

Sin darme cuenta, me puse la camisa al **revés**.

¿Qué cosas puedes ponerte al revés?

____

____

risotada

Nicolás contó un chiste y Pedro soltó una **risotada.**

¿Qué situación puede causar una risotada en el salón de clases?

____

risueño

David y su abuelo juegan al ajedrez muy **risueños**.

¿Puedes describir cómo es una cara risueña?

____

____

Términos de poesía

poema narrativo

Mi **poema narrativo** favorito cuenta el viaje de Paul Revere.

¿Qué historia contarías en un poema narrativo?

____

____

rima

Las palabras *cuna* y *luna* **riman** porque terminan con los mismos sonidos.

Escribe dos palabras que rimen con cuna y luna.

____

____

ritmo

El poema de Ben tiene un **ritmo** parecido al de un tambor.

¿Por qué los poetas incorporan ritmo en su poesía?

____

____

estrofa

Cada **estrofa** del poema de Magdalena tiene cinco versos.

¿Cómo puedes identificar cuántas estrofas tiene un poema?

____

____

Tu lista de palabras Vuelve a leer la estrofa 3 de "El chicle viajero" en la página 157. Encierra en un recuadro la palabra *distraído*. En tu cuaderno de escritura, haz una lista de sinónimos y una de antónimos de *distraído*. Usa un diccionario de sinónimos y antónimos para ayudarte a hacer cada lista.

Modismos

Un modismo es un grupo de palabras cuyo significado en conjunto no es literal. Por ejemplo, *estaba en la luna* no significa que alguien es astronauta, sino que *estaba distraído*.

BUSCAR EVIDENCIAS

En el poema "Disparate", en la página 159, la frase en un dos por tres *es un modismo. Puedo comprender su significado porque me doy cuenta de que esto sucede muy rápidamente. De un momento para otro quedaba con los pies hacia arriba.*

Había un inglés
que en un dos por tres
quedaba al revés
arriba los pies.

Tu turno Descubre el significado de este modismo.

a gatas, página 158

____

____

Ritmo y rima

Cuando los poetas escriben poemas, usan ritmo y rima para que sea más interesante escucharlos y más divertido leerlos.

BUSCAR EVIDENCIAS

Vuelve a leer "El chicle viajero" en las páginas 156-157. Escucha con atención para descubrir qué palabras riman. Sigue el ritmo con palmadas mientras lees el poema.

Acuérdate

Lee los poemas en voz alta lentamente y da una palmada por sílaba para escuchar el ritmo. Haz una pausa al final de cada verso antes de leer el siguiente. Escucha con atención para descubrir qué palabras riman al final y en el medio de cada verso.

Página 157

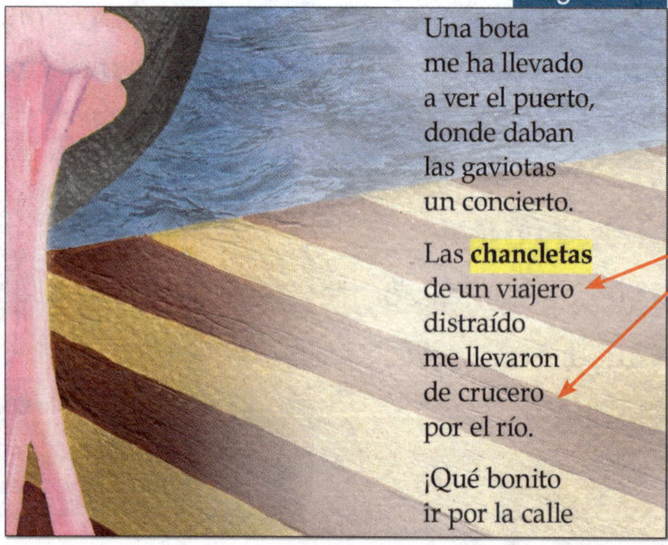
Una bota
me ha llevado
a ver el puerto,
donde daban
las gaviotas
un concierto.

Las **chancletas**
de un viajero
distraído
me llevaron
de crucero
por el río.

¡Qué bonito
ir por la calle

Las palabras viajero, *en el segundo verso, y* crucero, *en el quinto verso, riman. Aplaudí para seguir el ritmo. Me gusta el patrón de sonidos que se repiten en el poema.*

COLABORA

Tu turno Vuelve a leer "Disparate" en la página 159. Encuentra otro ejemplo de ritmo y rima.

____

____

____

Estrofas y sucesos

La **poesía narrativa** cuenta una historia. Puede tener cualquier cantidad de versos y estrofas.

Una **estrofa** es cada una de las partes en que se divide un poema. Está formada por un grupo de versos. A menudo tiene ritmo y rima.

BUSCAR EVIDENCIAS

Creo que "El chicle viajero" es un poema narrativo porque cuenta una pequeña historia. Tiene varias estrofas. Cada estrofa está formada por seis versos. En todas las estrofas hay versos que riman.

De lectores a escritores

Observa los acontecimientos en "El chicle viajero". ¿Qué sucede al principio del poema? ¿Qué sucede al final?

Cuando escribes, piensa qué sucederá primero, luego y al final de tu poema.

Página 157

Esta es una estrofa. Está formada por un grupo de versos. Hay cuatro estrofas en este poema.

El poema describe una serie de sucesos y cuenta una historia.

COLABORA

Tu turno Vuelve a leer "El chicle viajero", en la página 157. Explica por qué es un poema narrativo. ¿Cuántas estrofas tiene este poema? Anota tu respuesta.

____

____

____

____

Releer | LECTURA COMPARTIDA

Punto de vista

El punto de vista en un poema es lo que el narrador piensa acerca de un suceso, una cosa o una persona. Busca detalles en los poemas que muestran el punto de vista del narrador.

BUSCAR EVIDENCIAS

En "Pies", el narrador dice que las personas somos pobres porque tenemos solo dos pies. Pero luego leo que se siente feliz, porque dos pies, manos y orejas le permiten disfrutar de cosas que solo las personas pueden hacer. Este es el punto de vista del narrador.

Detalles
somos pobres en los pies

↓

Punto de vista

COLABORA

Tu turno Vuelve a leer "Pies". Busca más detalles sobre lo que siente el narrador y escríbelos en el organizador gráfico. Luego escribe el punto de vista del narrador. ¿Estás de acuerdo con su punto de vista? Explícalo en el último recuadro.

Acuérdate

Los poetas usan palabras y frases expresivas para mostrar los sentimientos de los personajes o narradores. Busca detalles sensoriales expresivos para identificar el punto de vista.

Detalle

↓

Punto de vista

Responder a la lectura

COLABORA

Responde por escrito a la siguiente pregunta. Piensa en cómo el narrador se siente en "El chicle viajero". Consulta tus notas y el organizador gráfico.

En el poema "El chicle viajero", ¿cómo el poeta te ayuda a entender cómo se siente el narrador?

___

___

___

___

___

___

___

___

___

___

___

Acuérdate

Usa estos comienzos de oración para responder a la pregunta.

El poeta usa...

Esto me ayuda a comprender que...

Enlace gramatical

Mientras escribes la respuesta, asegúrate de usar correctamente las comillas cuando cites versos del poema.

Hipérboles

Un cuento exagerado tiene personajes extraordinarios, como los héroes, y sucesos que no pueden suceder en la vida real. Los escritores usan **hipérboles** para que sus cuentos exagerados sean graciosos.

Una hipérbole es una exageración obvia. Por ejemplo:

- Jake tenía una tonelada de tarea para hacer.
- Julia era tan fuerte que podía levantar una casa.

Lee este párrafo. Encierra en un círculo un ejemplo de hipérbole. Escríbela en las líneas.

Hace mucho tiempo nació una bebé en Florida. Esa noche había tanto viento que las montañas se volaron. Solo quedó el terreno plano al que llamamos Everglades. Algo de ese viento penetró en la bebé. Desde muy pequeña controlaba el viento con la respiración.

____

____

Escribe un cuento exagerado Con un compañero, lean dos o tres cuentos exagerados. Luego, escriban uno corto. Recuerden que:

- El héroe debe ser más fuerte, valiente e inteligente que los otros personajes.
- Deben usar palabras divertidas para describir los sucesos que no pueden suceder en la vida real.
- Deben usar al menos dos ejemplos de hipérboles.

Comparte tu cuento exagerado con un compañero.

Acuérdate

Es divertido leer cuentos exagerados. Johnny Appleseed, Paul Bunyan, Pecos Bill y Windy Gale son algunos ejemplos de héroes de cuentos exagerados. Lee "El gran huracán de Windy Gale" en las páginas 428-429 de la **Antología de literatura**.

Releer | TEXTO PRINCIPAL

Antología de literatura, páginas 484-486

"Risa"

¿Cómo usa el poeta palabras y frases para hacer que "Risa" sea un poema gracioso?

COLABORA

Coméntalo Vuelve a leer la página 485 de la **Antología de literatura**. Comenta con un compañero sobre lo que hace que este poema sea gracioso.

Cita evidencias ¿Qué palabras y frases hacen que el poema "Risa" sea gracioso? Escribe la evidencia en la tabla.

Evidencia del texto	Recurso

Hacer inferencias

Los poetas suelen usar algunas palabras por su sonido más que por su significado. Puedes inferir lo que el poeta quiere decir prestando atención al contexto. ¿Qué inferencia puedes hacer sobre el significado de la palabra "risueño" por cómo es usada en este poema?

Escribe La poeta usa palabras y frases que hacen que "Risa" sea gracioso al ______________________________

____

¿Cómo la poeta usa los modismos para ayudarte a visualizar las acciones de los personajes?

COLABORA

Coméntalo Vuelve a leer la página 485. Comenta con un compañero lo que se dice de la risa.

Cita evidencias ¿Qué palabras y frases te ayudan a visualizar las acciones de los personajes? Escribe la evidencia en la tabla.

Modismos	Lo que visualizo

Escribe La autora usa modismos para describir

____

____

____

Acuérdate

Usa las pistas del texto para descubrir el significado de un modismo.

Releer **TEXTO PRINCIPAL**

Responder a la lectura

COLABORA

Comenta esta instrucción. Piensa en cómo el poeta te ayuda a entender los sentimientos de los personajes y puntos de vista. Consulta tus notas y el organizador gráfico.

¿Cómo usan los poetas las palabras y las frases para ayudarte a entender cómo se sienten los personajes de los poemas?

Acuérdate

Usa estos comienzos de oración para hablar sobre cómo se sienten los personajes de los poemas.

El poeta usa lenguaje sensorial para...

Las palabras y frases me ayudan a visualizar...

Esto me ayuda a ver......

Mis lecturas

Elige un poema. Anota en tu cuaderno de escritura el título y el autor. Mientras lees, haz conexiones con ideas que hayas leído en otros poemas o con tu experiencia personal. Escribe tus ideas en el cuaderno.

“Trabalenguas”, “Cine de palabras”

Antología de literatura, páginas 488–489

¿De qué modo te ayuda la ilustración a comprender los detalles de los poemas?

COLABORA

Coméntalo Mira la ilustración de las páginas 488 y 489. Conversa con un compañero sobre lo que hace el pollito.

Cita evidencias ¿Qué claves en la ilustración te ayudan a comprender lo que hace el pollito? Escríbelas en la tabla.

Claves en la ilustración	Cómo me ayudan

Escribe El poeta usa las ilustraciones para ______________________

____

____

____

Sintetiza la información

Usa las ilustraciones para ayudarte a comprender los títulos de los poemas. Observa los detalles de cada personaje y lo que hacen para comprender por qué el poeta los llama "adivinanzas", "trabalenguas" y "cine de palabras".

POESÍA

¿Cómo usa la personificación el autor de "Cine de palabras" para ayudarte a visualizar lo que la gallina, la araña y la vaca están haciendo?

> **Acuérdate**
>
> Túrnate con un compañero para leer el poema en voz alta, mientras otros actúan lo que dice el poema. Representar con gestos las acciones te ayudará a visualizar lo que el texto describe.

COLABORA

Coméntalo Con un compañero, vuelve a leer la página 489. Comenta lo que están haciendo esos personajes que usualmente hace la gente.

Cita evidencias ¿Qué palabras y frases describen lo que hace la gente. Escribe la evidencia y señala cómo te ayuda a visualizarlo.

Evidencias del texto	Lo que visualizo

Escribe El poeta usa la personificación para ____________________

____

____

____

____

Elegir palabras

Los escritores eligen palabras para crear imágenes mentales graciosas para agregar humor a su escritura. Describen algo como más grande, mejor o peor de lo que es en realidad. También pueden describir algo imposible para crear una imagen mental divertida.

BUSCAR EVIDENCIAS

En la página 489 de "Cine de palabras", **Antología de literatura,** *el poeta habla de una gallina "cluequiculeca" vanidosa, original y muy coqueta. La palabra "cluequiculeca" es una onomatopeya porque imita el sonido que hace la gallina, y resulta divertida. Diciendo que la gallina es vanidosa y coqueta el poeta crea una imagen mental divertida, porque eso es algo que puede decirse de una persona pero, por supuesto, no de una gallina.*

> Una gallina cluequiculeca,
> vanidosa, "original" y muy coqueta.

COLABORA

Tu turno Vuelve a leer la página 489.

- ¿Qué otras dos imágenes mentales graciosas incluye el poeta?

____

____

- ¿Por qué esas imágenes mentales hacen gracioso al poema?

____

De lectores a escritores

Si quieres que tus lectores rían cuando leen lo que escribiste, elige descripciones que creen imágenes mentales graciosas. Usa comparaciones que serían imposibles en la vida real.

Integrar | HACER CONEXIONES

Conexiones del texto

¿Qué tienen en común la canción "Ninguno, nadie, nada" y los poemas que leíste esta semana?

COLABORA

Coméntalo Lee la canción "Ninguno, nadie, nada". Habla con un compañero sobre por qué el poema es gracioso.

Cita evidencias Vuelve a leer la canción. **Subraya** con líneas simples y dobles los grupos de palabras que riman. Piensa en cómo el poeta crea el tono o ánimo. Ahora piensa en cómo te hicieron sentir los otros poemas que leíste esta semana.

Escribe Los tres poetas ______________________

____

____

____

____

____

____

____

Acuérdate

Lee la canción en voz alta a un compañero, prestando atención a qué partes son divertidas al leerlas.

Ninguno, nadie, nada

(canción)

Ninguno gritó, nadie hablaba,
yo oigo bien y no escuché nada.

(Coro)

Inguno vino, adie estaba,
yo vi bien que no vi ada.
Nguno me vio, die me miraba,
si alguien hizo algo, yo no pude ver
danada.

Cerré bien los ojos, me tapé los oidaba
si alguien se rio, yo no oí adadanada.

Fraseo y expresión

Piensa en el tono de un poema cuando lo lees en voz alta. Mira la puntuación y cómo se quiebran las líneas. Este es el fraseo del poema, o cómo se organizan las palabras. Comprender el fraseo del poema te ayudará a leerlo con *no expresión* o sentimiento.

Acuérdate

Un poema de humor puede incluir palabras graciosas o reacciones exageradas. Mientras lees en voz alta, usa expresiones exageradas durante esas partes para hacer el poema gracioso para tus oyentes.

Página 486

El hombre del puesto se enfada:
"¡No vendo nada de eso!".
Y ella se marcha diciendo:
"Entonces no vende nada...".

El tono aquí se suspende y puede ser leído con voz misteriosa.

Los signos de exclamación agregan énfasis. Tras los dos puntos debemos hacer una pequeña pausa, y una mayor tras los puntos suspensivos.

COLABORA

Tu turno Túrnate con un compañero para leer en voz alta la página 486 de la **Antología de literatura**, "Se vende todo". Piensa en qué sentimiento expresan los personajes, como enfado. Exprésalos al leer el poema.

Luego, piensa en cómo lo hiciste. Completa estas oraciones.

Recordé que ______________________________

____

La próxima vez ______________________________

____

Texto modelo

Antología de literatura, páginas 484-486

Características de un poema narrativo

Un **poema narrativo** es un tipo de poesía. Un poema narrativo:

- cuenta una historia.
- puede tener cualquier número de versos y estrofas.
- tiene rima y ritmo.

Analiza el texto modelo Vuelve a leer "Se vende todo" en la página 486 de la **Antología de literatura.** Usa evidencia en el texto para responder a las preguntas.

1. ¿Cómo usa Pedro Mañas los versos y las estrofas del poema para contar una historia?

____

____

____

2. ¿Cómo te ayuda el poeta a visualizar al vendedor?

____

____

____

gramatiNOTAS

Los escritores usan los signos de exclamación para indicar una expresión o para hacer énfasis sobre algo. Por ejemplo, el vendedor del poema dice: "¡Lo vendo todo, lo vendo!". El autor utiliza los signos de exclamación para mostrar que el personaje está gritando.

Planificar: Elige un tema

Lluvia de ideas Con un compañero, piensa en una historia divertida que te haga reír. Puede ser de un viaje familiar, de un momento con amigos en la escuela o un relato ridículo inventado. Usa los comienzos de oración a continuación para comentar tus ideas.

Algo que me hace reír es...
Esta historia me hace reír porque...

Instrucción de escritura Elige una de tus ideas para escribir un poema narrativo.

Escribiré un poema acerca de ______________________________

Propósito y público Piensa en el propósito de tu escritura y quién leerá tu poema.

¿Cómo harás para que los lectores se rían al leer tu poema?

____

____

____

Planifica Piensa qué sucede en tu historia. ¿Por qué esos sucesos te hacen reír? ¿Quién estaba allí? Hazte preguntas y anota las respuestas en tu cuaderno de escritura.

Acuérdate

Un poema narrativo cuenta una historia de un modo poético. El poema debe tener un principio, un desarrollo y un final, como todos los cuentos. Al planificar tu poema, pregúntate: *¿Cuáles son las partes divertidas de mi historia que quiero que los lectores recuerden?*

Planificar: Ideas

Ideas Los poetas planifican las ideas de sus historias, como los personajes y los sucesos, antes de empezar la escritura. Ellos piensan en cómo organizar las ideas en estrofas para contar la historia.

Mira este ejemplo modelo. Vuelve a leer el principio de "El chicle viajero".

Bien pegado
a un tacón
muy elegante,

me he colado
en el salón
de un restaurante.

Piensa en lo que el poeta describe. Vuelve a leer el fragmento y encierra en un círculo qué le sucedió al chicle al principio del poema.

COLABORA

Piensa en tu historia divertida. Comenta con un compañero qué te sucedió y por qué fue gracioso. Usa estos comienzos de oración.

La primera cosa que pasó fue...
Después...
Entonces...

Tabla En tu cuaderno de escritura, haz una tabla de secuencia. Completa la tabla para planificar la escritura. Asegúrate de escribir los sucesos de tu historia en orden.

Acuérdate

Recuerda que los escritores deben pensar en ideas y ponerlas en el orden correcto. Usar palabras como *primero, luego, después* y *finalmente* ayudará a los escritores a describir la secuencia de sucesos.

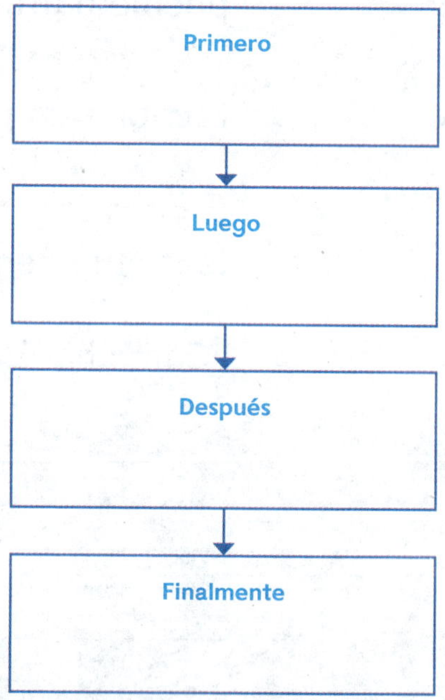

Hacer un borrador

Ritmo y rima Los poetas usan ritmo y rima para darle al poema un estilo musical y para contar la historia de una manera divertida. Vuelve a leer "Se vende todo" en la página 486 de la **Antología de literatura**. Usa evidencia para responder las siguientes preguntas.

¿Cómo utiliza el autor las palabras que riman para crear un patrón en la segunda estrofa del poema?

____

____

____

Usa la primera estrofa de la página 486 como modelo para escribir lo que pasa primero en tu poema narrativo. Usa palabras que rimen y ritmo para crear un patrón.

____

____

____

____

Haz un borrador Usa tu organizador gráfico de secuencia para escribir un borrador en tu cuaderno de escritura. No olvides usar tus ideas y darle ritmo y rima al poema.

gramatiNOTAS

Las palabras que riman suenan igual, pero no siempre se parecen entre sí. Palabras que se escriben de modo distinto pueden tener el mismo sonido al final. Mira estos ejemplos del poema: *silencio y tiempo*.

Revisar

Lenguaje figurado Los poetas utilizan el lenguaje figurado, como los símiles y las onomatopeyas, para que sus poemas sean más divertidos. En los símiles se comparan dos cosas de una manera creativa. Una onomatopeya es una palabra que suena similar a lo que representa.

Lee el siguiente poema y agrega lenguaje figurado para que resulte más divertido.

Fui a la feria cuando tenía diez
y en un juego gané un pez.
El lugar era ruidoso,
todo era muy gracioso.

Acuérdate

Algunos ejemplos de onomatopeyas son *achís, clic* y *miau.* Los poetas usan onomatopeyas para que sea divertido leer sus poemas.

Revisión Revisa tu borrador y comprueba que los sucesos aparezcan en el orden correcto. No olvides usar lenguaje figurado y humor.

Charlas entre compañeros

Revisión del borrador Escucha con atención mientras tu compañero lee su borrador en voz alta. Comenta lo que te gustó del borrador. Usa estos comienzos de oración como guía para la charla.

Me gusta esta parte del poema porque ...

Puedes usar más ritmo y rima aquí para ...

Intenta usar lenguaje figurado aquí para describir ...

Tengo una pregunta sobre ...

Sugerencias de compañeros Cuando tu compañero haya comentado tu borrador, escribe una de las sugerencias que aplicarás.

____

____

____

____

____

Revisión Al terminar, consulta las sugerencias de Comprobar la revisión para determinar qué partes del poema narrativo debes mejorar. Consulta las pautas de evaluación en la página 183.

Comprobar la revisión

- ☐ ¿Están mis ideas presentadas claramente y son divertidas?
- ☐ ¿Tiene mi poema un principio, un desarrollo y un final?
- ☐ ¿Hay patrones de rima y de ritmo en mi poema?
- ☐ ¿Incluí distintos tipos de lenguaje figurado?

tecnoNOTAS

Cuando escribes tu borrador en una computadora, puedes cambiar de lugar tus versos fácilmente. Al usar la herramienta de copiar y pegar, puedes poner en orden los sucesos que están desordenados.

Corregir

Al corregir tu poema narrativo, tienes que buscar errores de ortografía, de puntuación y de otros aspectos gramaticales. Lee el borrador al menos tres veces. De esta manera, estarás seguro de no pasar por alto ningún error. Fíjate en las sugerencias de comprobar la corrección.

Comprobar la corrección

- ☐ ¿Comienzan en mayúscula las palabras luego de un punto?
- ☐ ¿Hay un espacio en blanco entre cada estrofa?
- ☐ ¿Se utilizan preposiciones para describir el espacio o el tiempo?
- ☐ ¿Están todas las palabras escritas correctamente?

Enlace gramatical

Al revisar tu borrador para encontrar errores, recuerda que cada verso de un poema no es necesariamente el final de una oración. Los poetas suelen usar minúscula al comienzo de un verso porque es la continuación de un verso anterior. Asegúrate de usar los signos de puntuación para señalar pausas y emociones.

Escribe dos errores que hayas encontrado al revisar tu poema narrativo.

____

____

____

____

Publicar, presentar y evaluar

Publicación Al publicar tu texto, muestra una copia limpia, clara y sin errores. Puedes escribir en imprenta o en cursiva o escribir tu copia final en computadora.

Presentación Cuando estés listo para presentar tu trabajo, ensaya tu presentación. Consulta las pautas de comprobar la presentación.

Evaluación Después de publicar tu texto, lee las pautas de evaluación para calificarlo.

1. ¿Qué aspectos son satisfactorios? ______________________

____

2. ¿Qué partes requieren más trabajo? ______________________

____

Comprobar la presentación

- ☐ Mira al público.
- ☐ Habla lentamente y con claridad.
- ☐ Lee con más expresividad para transmitir el sentido del humor de tu poema.
- ☐ Haz énfasis en el ritmo y en la rima.
- ☐ Haz una pausa cuando tu público se ría.

4	3	2	1
• Excelente uso del lenguaje figurado. • Excelente uso de la rima y del ritmo. • Muy pocos errores de ortografía, de gramática o de puntuación.	• Buen uso del lenguaje figurado. • Buen uso de la rima y del ritmo. • Algunos errores de ortografía, de gramática o de puntuación.	• Poco uso del lenguaje figurado. • Poco uso de la rima y del ritmo. • Bastantes errores de ortografía, de gramática o de puntuación.	• No hay uso del lenguaje figurado. • No hay uso de la rima y del ritmo. • Muchos errores de ortografía, de gramática o de puntuación.

LO QUE APRENDISTE

Repaso en espiral

En la Unidad 6 has estudiado destrezas y estrategias que te permitirán convertirte en un lector más crítico. Ahora es momento de poner en práctica lo que aprendiste.

- Raíces latinas y griegas
- Volver a leer
- Problema y solución
- Punto de vista
- Raíces de palabras
- Modismos
- Hacer predicciones
- Tema

Conectar con el contenido

- Escribe un párrafo
- Escribe un encabezado
- Leer en línea

Lee la selección y elige la respuesta correcta a cada pregunta.

Ver las estrellas:
La historia de Maria Mitchell

1 Una luz pequeña y borrosa en el cielo puede parecer insignificante, pero el 1.º de octubre de 1847 Maria Mitchell descubrió que se trataba de un nuevo cometa. Nadie conocía a Mitchell. No había mujeres en la astronomía. Muchos científicos pueden haber ignorado sus descubrimientos, pero hoy en día, ella es conocida como la primera mujer astrónoma. ¿Cómo pudo superar semejante obstáculo? Trabajó arduamente y recibió el apoyo incondicional de su padre.

2 Maria Mitchell nació el 1.º de agosto de 1818. Desde su infancia, tuvo una gran fascinación por la astronomía. Su padre era profesor y astrónomo. Quería que todos sus hijos recibieran la misma educación. Esto no era común en esa época. Solo se educaba a los varones. El padre de Mitchell le enseñó a Maria a usar el telescopio familiar. Ella estudió y se esforzó por seguir sus pasos. Pasó muchas noches despejadas observando el cielo.

3 Al graduarse, trabajó como bibliotecaria durante 20 años. Por las noches observaba las estrellas. En 1847, Mitchell descubrió el cometa y corrió a contarle a su padre. Él compartió la noticia del descubrimiento con la comunidad científica.

4 Sus descubrimientos la hicieron famosa en todo el mundo. Fue la primera mujer admitida en la Academia Estadounidense de las Artes y las Ciencias. Viajó por el mundo y conoció a científicos. Muchas mujeres celebraron su éxito. En 1865 se convirtió en profesora de la universidad para mujeres de Vassar. Fue la primera profesora de astronomía en el país y fue pionera en el estudio de manchas solares.

5 Mitchell fue una inspiración para sus alumnos. Le preguntaban si había aprendido estudiando o solo mirando el cielo. Ella los guió en observaciones directas de eclipses solares.

6 Murió en 1889 pero su legado persiste. Sus investigaciones y observaciones nos acercaron un poco más a las estrellas.

(t)Science History Images/Alamy Stock Photo;
(b)Interim Archives/Archive Photos/Getty Images

LO QUE APRENDISTE

1. ¿Qué problema se describe en el párrafo 1?
   - **A** Maria Mitchell vio una luz misteriosa en el cielo.
   - **B** Maria Mitchell fue una astrónoma no reconocida.
   - **C** Maria Mitchell trabajó arduamente y recibió el apoyo incondicional de su padre.
   - **D** Muchos científicos ignoraron sus descubrimientos.

2. La palabra *telescopio* tiene dos palabras de raíz griega. La raíz *tele* significa "lejos". ¿Qué crees que significa *-scopio?*
   - **F** espacio
   - **G** distancia
   - **H** viajar
   - **J** observar

3. Vuelve a leer el párrafo 2. ¿Qué hizo el padre de Mitchell que era inusual?
   - **A** Era profesor y astrónomo.
   - **B** Le enseñó astronomía a sus hijos.
   - **C** Estudió el cielo de noche usando un telescopio.
   - **D** Quería que todos sus hijos recibieran la misma educación.

4. El tema o mensaje principal de este texto es...
   - **F** Mitchell se hizo famosa por descubrir un cometa.
   - **G** La historia de la astronomía es interesante.
   - **H** El trabajo duro te ayuda a superar obstáculos.
   - **J** Más mujeres deben dedicarse a la astronomía.

Acuérdate

Para elegir la respuesta correcta, vuelve a leer el fragmento al que se refiere cada pregunta. Busca en el texto palabras que se usan en las opciones de respuesta.

Lee la selección y elige la respuesta correcta a cada pregunta.

Compartir alegrías

1 Después de un desayuno fresco y delicioso
mi madre comenta, con tono gracioso:
"Debes aprender que en tu pequeño ropero
nunca podrás guardar el mundo entero".

2 Es que allí está mi ropa, todos mis juguetes,
mis viejos dibujos, mi raqueta, mi clarinete.
Hasta hay un oso a cuerda de mi primer año
y el cuento de un pastor que cuida a su rebaño.

3 "Pon aquí los juguetes que quieras conservar,
y pon en esta caja los que puedas regalar".
Miro estos juguetes, no los he olvidado,
¿Por qué dice mi madre que son del pasado?

4 Mamá dice que crecer es tomar decisiones,
que para elegir hay que evaluar las opciones.
"Piensa que otros niños estarían encantados
de jugar con estas cosas que tú ya has disfrutado".

LO QUE APRENDISTE

5 Allí están todos mis títeres con cabeza de lana
que siempre hacen reír a mi amiga Mariana.
Debo preguntarle si quiere guardarlos.
Seguramente ella sabrá cómo cuidarlos.

6 Miro los cochecitos detenidamente.
Creo que le gustarán a mi primo Vicente.
Rescato mi guitarra y algunas partituras
para mi vecina, que canta con dulzura.

7 —¡Pan comido! Mi ropero estará un poco vacío.
Llevaré estos juguetes a mis amigos queridos.
Dice mamá que es importante compartir alegrías
y aprender que la amistad hace bellos los días.

1. ¿Cuál es la raíz de la palabra *seguramente* en la quinta estrofa?
   - A seguro
   - B segu
   - C mente
   - D seguram

2. En la estrofa 7, ¿qué significa el modismo *¡Pan comido!*?
   - F Que el chico tenía hambre.
   - G Que no se pueden guardar todas las cosas.
   - H Que fue muy sencillo limpiar el ropero.
   - J Que comió antes de limpiar el ropero.

3. ¿Qué puedes predecir a partir de las ilustraciones de las páginas 187-188?
   - A Que el poema será sobre juguetes.
   - B Que el poema será sobre un ropero.
   - C Que el poema será sobre un ropero lleno de cosas.
   - D Que el poema será sobre libros.

4. ¿Cómo se siente el narrador sobre la limpieza de su ropero?
   - F Contento de hacerlo.
   - G Con miedo de perder sus cosas.
   - H Molesto con su mamá.
   - J Inseguro sobre dónde comenzar.

Acuérdate

Este poema está escrito en primera persona, o desde el punto de vista del narrador. Para comprenderlo, busca signos de puntuación que expresen sentimientos fuertes.

AMPLÍA LO QUE APRENDISTE

COMPARAR GÉNEROS

COLABORA

- Vuelve a leer de la **Antología de literatura**, el drama *De cómo los aztecas consiguieron el maíz* en las páginas 464 a 477 y los poemas "Risa" y "Se vende todo", en las páginas 484 a 486.
- Completa el diagrama de Venn para mostrar en qué se parecen y en qué se diferencian los dos géneros.

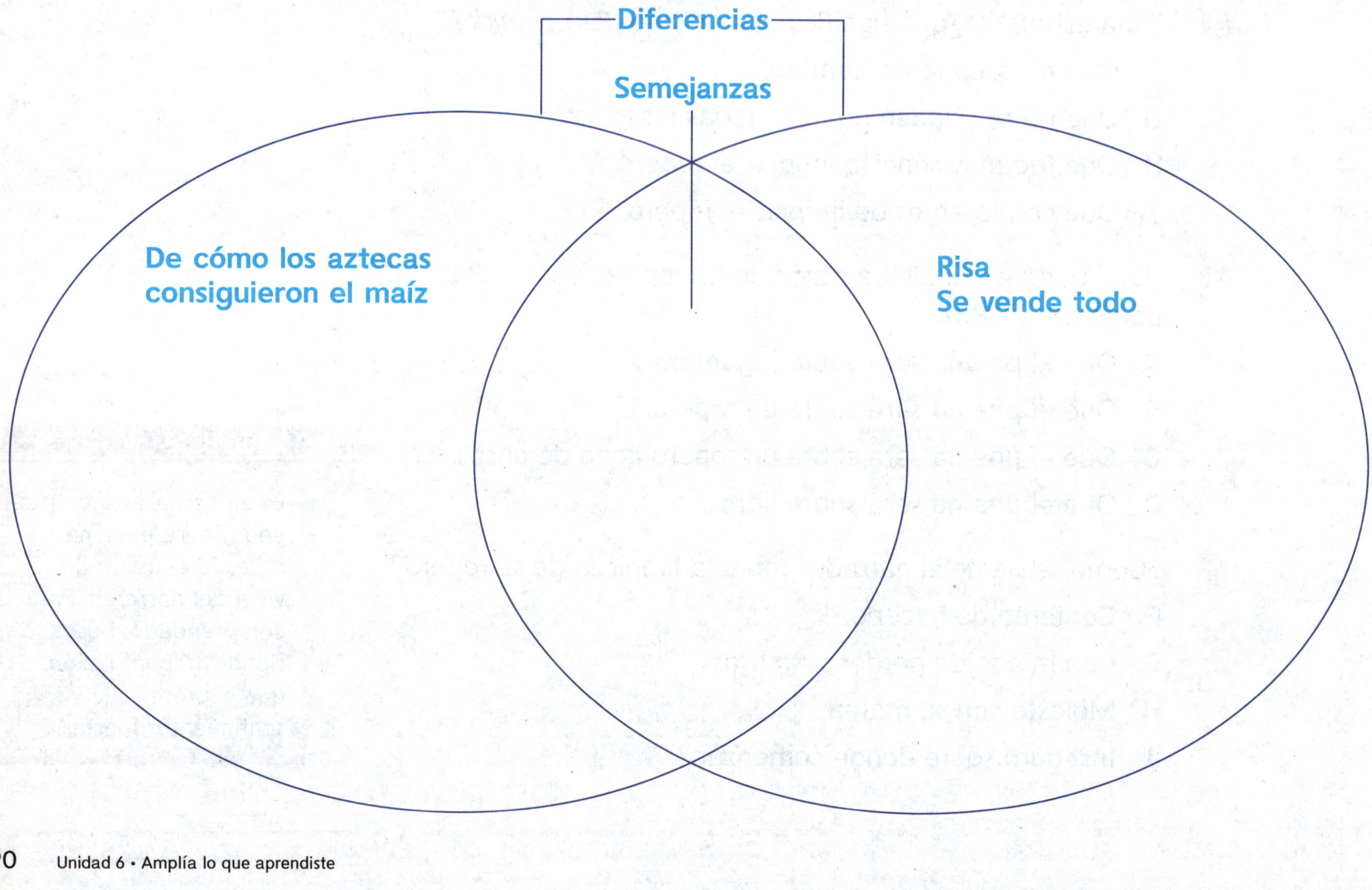

MODISMOS

COLABORA

Un modismo es un grupo de palabras cuyo significado en conjunto no es literal. Puedes usar las claves de contexto para ayudarte a imaginar el significado de un modismo.

> Mi hermano no la oyó porque *estaba en la luna.*

La frases del contexto *no la oyó* ayuda a los lectores a deducir que el modismo *estaba en la luna* significa "estaba distraído".

Lee las siguientes oraciones. **Subraya** las claves de contexto que te ayudan a deducir el significado de los modismos. Luego, escribe sus significados.

Martín no puede resolver el problema, así que su mamá *le da una mano.* ______________________________

____

____

Julia explicó fácilmente el problema, *sin irse por las ramas.*

____

____

____

AMPLÍA LO QUE APRENDISTE

ESCRIBE UN PÁRRAFO

COLABORA

ESTUDIOS SOCIALES

Al comparar cosas, observas cómo se parecen y se diferencian.

- Elige dos héroes para comparar e investigar sus hazañas.
- Piensa en cómo presentar lo que aprendiste. Elige un género, como una biografía, un texto informativo o un artículo de opinión.
- A partir del género que elegiste, escribe un párrafo que identifique y compare las hazañas de los dos héroes.

Los dos héroes que elegí para comparar son ____________________

Una hazaña sobre la que leí fue ______________________________

ESCRIBE UN ENCABEZADO

COLABORA

ESTUDIOS SOCIALES

Un encabezado es la primera parte de un artículo, tiene letra grande y expone lo que se está por leer.

- Investiga acerca de una nueva tecnología que transforma vidas.
- Escribe un encabezado para un artículo que indique cómo la tecnología podría afectar a los lectores.

La tecnología informática sobre la que investigué fue

____

Algo que aprendí mientras investigaba la nueva tecnología fue

____

Science History Images/Alamy Stock Photo

BOTES DE RESCATE

ESTUDIOS SOCIALES

COLABORA

Entra a **my.mheducation.com** y vuelve a leer el artículo en línea "Botes de rescate", incluyendo la información que hay en los elementos interactivos. Responde las siguientes preguntas:

Botes de rescate

Escuelas, bibliotecas y hospitales flotantes mejoran la vida en Bangladesh, un país de Asia.

Time for Kids: "Botes de rescate"

- Mira el mapa y usa la escala. ¿A cuántos kilómetros se encuentra Dhaka de Chittagong?

  ____

  ____

  ____

- ¿De qué manera utilizó Rezwan los botes para adaptarse a su entorno?

  ____

  ____

- Mira la tabla "Las 5 ciudades más lluviosas". ¿Cuál es la diferencia en pulgadas entre la lluvia en Mobile, Alabama y la lluvia en Nueva Orleans, Luisiana?

  ____

  ____

Martin Wright/Ashden

EVALÚA TU PROGRESO

¿QUÉ APRENDÍ?

Lee las pautas de evaluación para calificar tu dominio de las destrezas de esta unidad. Escribe la puntuación más abajo, en cada destreza.

4	3	2	1
Identifico correctamente todos los ejemplos de esta destreza.	Identifico la mayoría de los ejemplos de esta destreza.	Identifico algunos ejemplos de esta destreza.	Debo trabajar más en esta destreza.

☐ Punto de vista

☐ Raíces de palabras

☐ Problema y solución

☐ Raíces latinas y griegas

☐ Tema

☐ Modismos

Algo en lo que debo trabajar más es en ______________________

porque ____

____

____

El texto y tú Piensa en los textos que has leído en esta unidad. Elige uno y escribe un párrafo breve en el que expliques una conexión personal que hayas establecido con el texto.

Hice una conexión personal con ________________ porque ______

____

____

Integrar | BÚSQUEDA E INVESTIGACIÓN

Presentar el trabajo

COLABORA

Comenta cómo presentarás tu cuento exagerado a la clase. Puedes incluir ilustraciones divertidas de las hipérboles que uses. Usa la lista para practicar la presentación. Comenta estos comienzos de oración y escribe las respuestas.

Antes de la presentación, pensaré en qué partes puedo enfatizar:

____

____

Creo que mi presentación fue ______________________________

____

Acuérdate

Practica para mejorar la presentación y tomar confianza. Léele tu cuento exagerado a tu familia y a tus amigos a ver qué los hace reír.

Comprobar la presentación

- ☐ Practicaré la lectura de mi cuento exagerado en voz alta.
- ☐ Hablaré en voz alta para que todos puedan escucharme.
- ☐ Usaré la voz para expresar el humor de mi cuento exagerado.
- ☐ Haré una pausa si el público se está riendo.